Niveau intermédiaire

Anne Vicher
ÉCRIMED'

À Sarah

et à celles et à ceux qui m'ont soutenue.

Avec mes remerciements
à toute l'équipe d'Écrimed',
Christine Heulot,
Caroline Alsac, Vanessa Deslances, Stéphane Gulesserian,
Christine Guyot-Clément, Estelle Veysset,

pour leur précieuse collaboration.

© CLE International / VUEF, 2002 – ISBN 2-09-033 868-7

Avant-propos

La Grammaire progressive du français pour adolescents (niveau intermédiaire) s'adresse aux élèves qui apprennent le français comme première ou deuxième langue étrangère et qui ont acquis les points travaillés dans *La Grammaire progressive du français pour adolescents* (niveau débutant).

Grammaire progressive et « ouverte »

- **Progressive**, parce qu'elle suit la **progression des méthodes actuelles** destinées aux adolescents **débutants** qu'elle complète par une reprise des points grammaticaux abordés, accompagnés d'explications claires, de nombreux exemples, d'exercices et d'activités variés toujours en contexte.

– Les points grammaticaux traités sont regroupés de façon cohérente en fonction d'une progression logique dans l'acquisition des connaissances grammaticales et ils sont **mis en relation** avec les **savoir-faire** prioritairement abordés au niveau 2 : se situer dans le temps, raconter sans se répéter, caractériser / qualifier, comparer, exprimer la négation.

- **Ouverte**, parce que chaque unité peut aussi être étudiée de façon indépendante. Elle forme un tout dans un ensemble cohérent.

Il est donc possible de travailler un point spécifique qui pose difficulté aux élèves sans avoir vu les précédents. Et si le point abordé suppose que soit maîtrisé auparavant tel ou tel autre point, un renvoi bleu (→ p. 16) dans la marge l'indiquera.

Grammaire pédagogique et « contextuelle »

- **Sur la page de gauche :**

– Un « déclencheur »

Pour faciliter la compréhension et « donner du sens » au point grammatical étudié, chaque unité commence par la mise en scène illustrée d'un dialogue ou d'un document écrit (journal, pub...). Ce qui facilite la découverte*, la compréhension ou la systématisation de la « règle » ou du fonctionnement de ce point grammatical dans la langue française.

* Pour que l'élève découvre ou ébauche la construction de la « règle », il faut faire cacher l'explication grammaticale, sous le dialogue illustré, et lui faire faire des hypothèses.

– Une **explication grammaticale** avec de **nombreux exemples** en **contexte**

L'élève a alors la possibilité de plusieurs cheminements possibles, en fonction de ses stratégies d'apprentissage : par la règle (ou les mots clés) et l'exemple, ou par l'exemple seul (en rouge).

Les explications sont claires, elles vont à l'essentiel mais constituent une base sûre pour une analyse plus approfondie à un niveau supérieur.

– Une vignette « interculturelle »

La réflexion sur le système linguistique d'une langue étrangère passe aussi par un regard sur le fonctionnement de sa propre langue.

L'élève pourra ainsi réfléchir sur la façon dont il exprimerait telle ou telle notion, dont il traduirait telle ou telle construction dans sa langue (maternelle ou seconde) ou même, pourquoi pas, dans une autre langue étrangère qu'il connaît ou apprend.

- **Sur la page de droite :**

– **Des exercices et activités, toujours en contexte, variés** (exercices lacunaires, de mise en relation, d'expression, de réflexion, de conceptualisation, de communication...), **progressifs** en difficulté, **ludiques**... à faire dans la **bonne humeur**.

– Le **vocabulaire** est volontairement simple, limité et ciblé. Il renvoie aux thèmes qui concernent les adolescents : la vie au collège, la famille, les copains, les loisirs, les sorties, les rencontres amoureuses, les problèmes de cœur...

– Les **consignes** sont **claires** et **concises** : pour chaque tâche, un verbe pour expliquer à l'élève ce qu'il doit faire.

Grammaire complète

- **À la fin de chaque module :**

– **des exercices de conjugaison** permettent aux élèves d'acquérir ces mécanismes difficiles et contraignants de façon plus ludique ;

– **des bilans** permettent de récapituler, en les reliant ou en les confrontant, les points grammaticaux étudiés.

- **À la fin de l'ouvrage :**

– **un index** très complet, à plusieurs entrées, permet aux enseignants et aux apprenants de trouver rapidement le mot ou le point grammatical qu'ils cherchent ;

– **des tableaux de conjugaison** offre une visualisation rapide des principaux verbes, aux temps vus dans l'ouvrage.

- **Les corrigés** des exercices sont fournis dans un livret placé à l'intérieur du livre.

Déclencheur :
- dialogue illustré,
- échange de messages par mél,
- extrait d'un journal pour adolescents,
- publicité pour jeunes…

Découpage en savoir-faire.

Nombreux exemples.

Explications claires.

Titre élève

SE SITUER DANS LE TEMPS

1. C'était génial !

Alors Justine, raconte, comment c'était la Grèce ?

C'était génial ! Nous étions sur une île. La mer était chaude. On avait une grande maison avec une terrasse. Il y avait aussi une piscine et…

Justine, Laure, nous parlons des Romains, pas des Grecs.

Je disais donc… Les riches Romains vivaient dans des grandes villas. Ils allaient aux thermes, sortes de piscines…

■ **Comment forme-t-on l'imparfait ?**

- On prend la première personne du pluriel du présent :
  – **nous** avons,   – **nous** vivons.
- On enlève les terminaisons du présent et on garde le radical* :
  – nous av~~ons~~,   – nous viv~~ons~~.
- On ajoute alors les terminaisons de l'imparfait : -ais, -ais, -ait, -ions, iez, -aient.

  – j'av**ais**,
  – tu viv**ais**,
  – il dans**ait**,
  – on jou**ait**,
  – nous mang**ions**,
  – vous dans**iez**,
  – elles chant**aient**.

Une seule exception : le verbe **être** :
  – j'**étais** – tu **étais** – il/elle/on **était**
  – nous **étions** – vous **étiez** – ils/elles **étaient**

*Ce qui reste quand on enlève la terminaison.

10 – dix

■ **Quand utilise-t-on l'imparfait ?**

- **L'imparfait** est un temps du passé. On l'utilise pour parler d'un événement qui a eu lieu **avant le moment où l'on parle**.

- Avec **l'imparfait**, on décrit une action, une situation, une ambiance, un sentiment… **comme si on revivait ce moment**.
On ne précise pas nécessairement la durée.
On sait juste que cela s'est passé **avant le moment où l'on parle** et on voit l'action en train de se dérouler dans le passé.

  – Nous **étions** sur une île, la mer **était** chaude… (Justine se revoit en Grèce. Elle fait revivre ses vacances.)

  – Les Romains **allaient** souvent aux thermes pour rencontrer leurs amis. (Le professeur fait revivre l'époque des Romains. Elle décrit leurs habitudes.)

> **ET DANS VOTRE LANGUE ?**
> Quel temps utilisez-vous pour faire revivre une ambiance, une habitude, une action qui s'est déroulée avant le moment où l'on parle ?

Réflexion possible de l'apprenant sur le fonctionnement du français par rapport à sa propre langue.

À la fin de chaque module
Exercices de conjugaison pour permettre d'acquérir des mécanismes de façon ludique.

Titre professeur

L'imparfait — EXERCICES

1. Reliez A et B. Attention, parfois deux réponses sont possibles.

A
1. Alors, que fais-
2. Nous dîn-
3. ou on mange-
4. Vous n'all-
5. Si, je sort-
6. Ils ét-
7. Il y av-

B
a. -iez jamais danser ?
b. -ait toujours beaucoup d'ambiance.
c. -aient très sympas.
d. -ais parfois avec Iannis et ses copains.
e. –ais-tu le soir ?
f. -ait au restaurant.
g. -ions à la maison.

2. Complétez le dialogue et conjuguez les verbes à l'imparfait.

1. Justine : Et toi Laure, où étais-tu ?
2. Laure : J'............... (être) dans un camp européen au Portugal, à 60 kilomètres de Lisbonne.
3. Il y .... (avoir) des jeunes de plusieurs nationalités.
4. Nous .... (parler) plusieurs langues. Nous .... (dormir) sous la tente.
5. Le matin, on .... (faire) du sport et l'après-midi, on .... (se promener) dans la région.
6. On .... (visiter) des églises, des musées… et il y en .... (avoir) beaucoup !
7. Le soir, les moniteurs .... (organiser) des activités. Ils .... (chanter) avec nous et nous .... (danser) tous ensemble.
8. Les soirées .... (se terminer) toujours très tard.
9. Le matin, on ne .... (se lever) jamais avant neuf heures.

3. Lisez le texte suivant, extrait d'un journal pour les jeunes de 1975.

Cette année, pour être à la mode, les jeunes *portent* des pantalons « pattes d'éph' » (pattes d'éléphant).
Ils *mettent* des chemises « pop'art ». Ils *ont* les cheveux très bouclés : c'*est* le look « afro ».
Ils *sortent* en bande dans des discothèques. Ils *dansent* sur de la musique disco. Leur groupe préféré *s'appelle* « Les Jackson Five » et leur film culte *est* La Fièvre du samedi soir (Saturday Night Fever).

Relax. Juin 1975.

Dites comment était la mode des jeunes en 1975. Mettez les verbes à l'imparfait.

En 1975, pour être à la mode, les jeunes portaient ....

onze – 11

- Des exercices variés et progressifs.
- Des activités ludiques.
- Des exercices toujours en contexte.

- Des exercices à compléter…

… pour faire rapidement des phrases…

… en tenant compte du contexte et de la situation de communication.

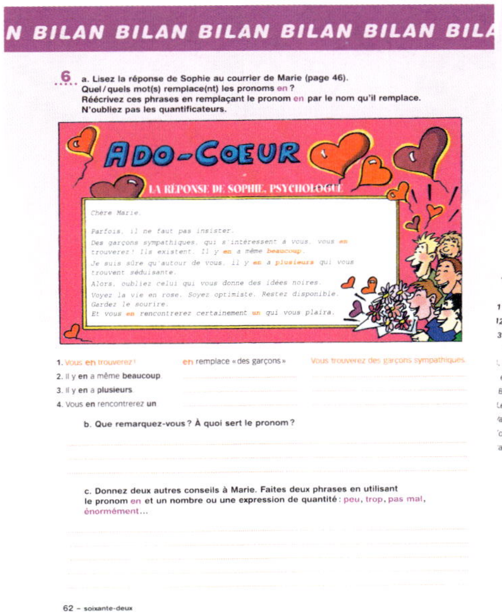

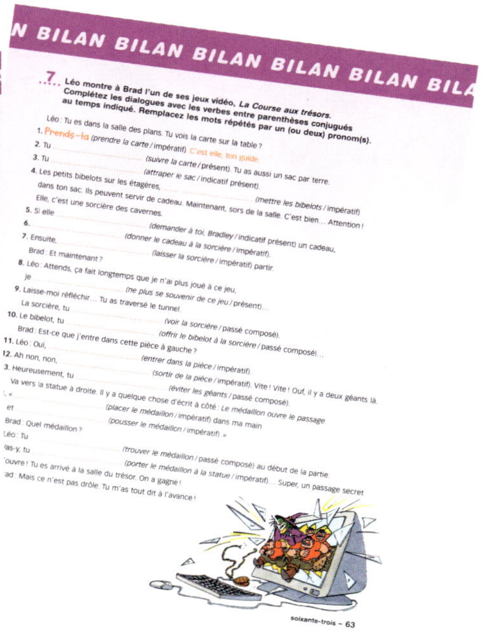

À la fin de chaque module
Bilan
pour récapituler les points grammaticaux étudiés, en les reliant ou en les confrontant.

Sommaire

1. Se situer dans le temps

8	Elle arrive… Elle habite à côté…	Le présent
10	C'était génial !	L'imparfait
12	Il était 10 heures quand l'orage a éclaté…	L'imparfait et le passé composé
16	Un jour, tu verras…	Le futur simple
18	Le car partira à huit heures… Il va partir	Le futur simple et le futur proche
20	Quand je la verrai, je lui dirai…	Les indicateurs de temps
22	Avant… puis un jour…	Les indicateurs de temps *(suite)*
24	Le futur simple	CONJUGAISON
28	BILAN	

2. Raconter sans se répéter

32	Tu m'aides ?	Les pronoms personnels COD
34	Elle me plaît beaucoup	Les pronoms personnels COI
36	Je l'ai vu. Il m'a plu.	Les pronoms COD et COI avec un verbe au passé composé
38	Ce film m'a plu. Il m'a beaucoup amusé(e).	Les pronoms COD et COI avec un verbe au passé composé *(suite)* L'accord du participe passé
42	Vous y reviendrez !	*En* et *y* pour indiquer le lieu
44	Il en faut beaucoup !	*En* pour reprendre la quantité
46	Je pense toujours à lui.	*En* et *y* après les verbes à préposition rigide
50	Tu me le donnes ?	La double pronominalisation : l'ordre des pronoms compléments
52	Passe-la-moi !	Les pronoms compléments et l'impératif
54	En boire sans modération !	Les pronoms compléments et l'infinitif
56	L'impératif	CONJUGAISON
60	BILAN	

3. Caractériser / Qualifier

64	C'est moi qui vous ai appelé…	Le pronom relatif *qui*
66	La fille qu'il aime s'appelle…	Le pronom relatif *que*
68	Québec, où il fait bon parler français.	Le pronom relatif *où*
70	La crème dont vous avez besoin…	Le pronom relatif *dont*
72	Je préfère celle-ci…	Les pronoms démonstratifs
74	Je préfère celle à pois…	Les pronoms démonstratifs *(suite)*
76	Quel ado es-tu ?	Les pronoms interrogatifs
78	C'est la tienne…	Les pronoms possessifs
80	Les verbes pronominaux au passé composé	CONJUGAISON
82	BILAN	

4. Comparer

86	Plus qu'hier et moins que demain	Le comparatif
88	Plus qu'hier et moins que demain *(suite)*	Le comparatif *(suite)*
90	Plus qu'hier et moins que demain *(suite)*	Le comparatif *(suite et fin)*
92	C'est la plus belle de toutes.	Le superlatif
94	C'est la plus belle de toutes *(suite)*	Place du superlatif
96	Les verbes pronominaux au passé composé *(suite)*	CONJUGAISON
98	BILAN	

5. Exprimer la négation

102	Aucun mél ne m'a jamais fait autant plaisir.	Place de la négation
104	Aucun mél ne m'a jamais fait autant plaisir *(suite)*	Différents types de négation
106	Aucun mél ne m'a jamais fait autant plaisir *(suite)*	La double négation
108	Quelle tristesse !	CONJUGAISON
110	BILAN	

112 **Tableaux de conjugaison**
122 **Du bon usage des pronoms personnels compléments**
124 **Genre et nombre des noms et adjectifs qualificatifs**
126 **Index**

1 Elle arrive... Elle habite à côté...

*corres = correspondant.

■ Rappel

La **terminaison** des verbes au présent varie.

→ **tableaux de conjugaison, p. 112**

J'arriv**e**. Je fin**is**.

■ Quand utilise-t-on le présent ?

- Pour dire qu'une action, qu'un événement **est en train de** se passer.

  J'attends Sarah. = Je suis en train d'attendre Sarah.

  Sarah arrive... = Elle est en train d'arriver.

- Mais aussi pour dire qu'une **action** est **habituelle** (ou permanente).

  En général, ils arrivent (toujours) quand la cloche sonne. = C'est une habitude.

  J'habite près du collège. = Ma maison est là. (Elle ne bouge pas.)

  La terre tourne autour du soleil. = La terre tourne toujours autour du soleil. (Cela ne changera pas.)

> **ATTENTION !**
>
> • Le présent peut exprimer une action commencée dans le passé mais qui est toujours valable au moment où l'on parle.
>
> **J'habite** près du collège **depuis** cinq ans.
> = J'habite encore près du collège. (Je n'ai pas encore déménagé.)
>
> • Le présent peut exprimer une action qui est valable au moment où l'on parle et qui va se poursuivre dans le futur.
>
> **Je suis** là **pour** deux mois. = Je suis là maintenant et je suis encore là jusqu'à...
>
> • Le présent peut exprimer une action vue comme très proche du moment où l'on parle.
>
> **Mon correspondant arrive dans** un mois. = C'est bientôt.
> (Sami attend avec impatience sa venue. Il la voudrait « immédiate ».)

ET DANS VOTRE LANGUE ?

Utilisez-vous le même temps (le présent) pour exprimer :
- une action habituelle ?
- une action que vous êtes en train de faire ?

SE SITUER DANS LE TEMPS

Le présent — EXERCICES

1. Complétez le dialogue. Mettez les verbes au présent.

1. Laure : Qu'est-ce que tu *(choisir)* **choisis** comme deuxième langue étrangère ?

2. Sami : Je *(prendre)* .... allemand. Et toi ?

3. Laure : Moi, j'*(étudier)* .... l'allemand en première langue.
Je *(devoir)* .... prendre l'anglais cette année comme deuxième langue vivante.

4. Sarah : Tu *(avoir)* .... un correspondant anglais ?

5. Sami : Non, il *(être)* .... canadien, mais il *(parler)* .... anglais.
Il *(habiter)* .... à Vancouver. Il *(arriver)* .... dans un mois. Et toi ?

6. Laure : Ma correspondante allemande *(être)* .... à Triel depuis une semaine.

7. Elle *(s'appeler)* .... Julia.

2. Justifiez l'emploi du présent, en français, avec des mots simples, ou dans votre langue.

1. Ma correspondante **arrive dans un mois.** = Dans ma tête, ma correspondante est déjà en France.

2. Qu'est-ce que tu *(faire)* .... ? = ...

3. J'*(étudier)* .... ma leçon d'allemand. = ...

5. Elle *(être)* .... canadienne. Elle *(parler)* .... anglais.
= ....

6. Elle *(être)* .... à Triel depuis trois jours. = ...

7. Elle *(s'appeler)* .... Julia. = ...

3. Complétez le dialogue et conjuguez les verbes au présent.

1. Laure : Qu'est-ce que tu *(prendre)* .... au petit déjeuner, Julia ?

2. Julia : En général, en Allemagne, nous *(prendre)* .... un petit déjeuner très copieux.
Nous *(se lever)* .... tôt et nous *(avoir)* .... cours jusqu'à treize heures. Mais en France, je *(faire)* .... comme les Français.

3. Laure : Ah ! Alors tu *(choisir)* .... ! Alex et Léo *(prendre)* .... des céréales.
Papa *(se faire)* .... une tartine avec du beurre et de la confiture. Maman *(partir)* .... sans manger. Elle *(déjeuner)* au travail : elle *(acheter)* .... un croissant à la boulangerie et elle *(boire)* .... un café avec une amie.

4. Julia : Et que *(boire)* ....-vous ?

5. Laure : Alex et Léo *(boire)* .... du chocolat. Papa, du café, et moi du thé.
Mais nous *(boire)* .... tous un jus d'orange. Un vrai. Avec des oranges pressées.

6. Le père de Laure : Bonjour tout le monde ! Tu *(aller)* .... bien, Julia ?
Tu ne *(vouloir)* .... rien ? Qu'est-ce qui *(se passer)* .... ?
Tu *(être)* .... malade ?

7. Julia : Non, mais je ne *(savoir)* .... pas quoi choisir.

C'était génial !

■ Comment forme-t-on l'imparfait ?

• On prend la première personne du pluriel du présent :

– **nous** avons,   – **nous** vivons.

• On enlève les terminaisons du présent et on garde le radical* :

– ~~nous~~ **av**~~ons~~,   – ~~nous~~ **viv**~~ons~~.

• On ajoute alors les terminaisons de l'imparfait : -ais, -ais, -ait, -ions, iez, -aient.

– j'av**ais**,

– tu viv**ais**,

– il dans**ait**,

– on jou**ait**,

– nous mang**ions**,

– vous dans**iez**,

– elles chant**aient**.

Une seule exception : le verbe **être** :

– j'**étais** – tu **étais** – il/elle/on **était**

– nous **étions** – vous **étiez** – ils/elles **étaient**

*Ce qui reste quand on enlève la terminaison.

■ Quand utilise-t-on l'imparfait ?

• **L'imparfait** est un temps du passé.
On l'utilise pour parler d'un événement qui a eu lieu **avant le moment où l'on parle**.

• Avec **l'imparfait**, on décrit une action, une situation, une ambiance, un sentiment… **comme si on revivait ce moment**.
On ne précise pas nécessairement la durée.
On sait juste que cela s'est passé **avant** le moment où l'on parle **et on voit l'action en train de se dérouler** dans le passé.

– **Nous étions sur une île, la mer était chaude…** (Justine se revoit en Grèce. Elle fait revivre ses vacances.)

– **Les Romains allaient souvent aux thermes pour rencontrer leurs amis.** (Le professeur fait revivre l'époque des Romains. Elle décrit leurs habitudes.)

> **ET DANS VOTRE LANGUE ?**
>
> Quel temps utilisez-vous pour faire revivre une ambiance, une habitude, une action qui s'est déroulée avant le moment où l'on parle ?

SE SITUER DANS LE TEMPS

L'imparfait — EXERCICES

1. Reliez A et B. Attention, parfois deux réponses sont possibles.

A
1. Alors, que fais-
2. Nous dîn-
3. ou on mange-
4. Vous n'all-
5. Si, je sort-
6. Ils ét-
7. Il y av-

B
a. -iez jamais danser ?
b. -ait toujours beaucoup d'ambiance.
c. -aient très sympas.
d. -ais parfois avec Iannis et ses copains.
e. -ais-tu le soir ?
f. -ait au restaurant.
g. -ions à la maison.

2. Complétez le dialogue et conjuguez les verbes à l'imparfait.

1. Justine : Et toi Laure, où **étais**-tu ?
2. Laure : J'................ (être) dans un camp européen au Portugal, à 60 kilomètres de Lisbonne.
3. Il y .... (avoir) des jeunes de plusieurs nationalités.
4. Nous .... (parler) plusieurs langues. Nous .... (dormir) sous la tente.
5. Le matin, on .... (faire) du sport et l'après-midi, on .... (se promener) dans la région.
6. On .... (visiter) des églises, des musées… et il y en .... (avoir) beaucoup !
7. Le soir, les moniteurs .... (organiser) des activités. Ils .... (chanter) avec nous et nous .... (danser) tous ensemble.
8. Les soirées .... (se terminer) toujours très tard.
9. Le matin, on ne .... (se lever) jamais avant neuf heures.

3. Lisez le texte suivant, extrait d'un journal pour les jeunes de 1975.

Cette année, pour être à la mode, les jeunes *portent* des pantalons « pattes d'éph' » (pattes d'éléphant).
Ils *mettent* des chemises « pop'art ». Ils *ont* les cheveux très bouclés : c'*est* le look « afro ».
Ils *sortent* en bande dans des discothèques. Ils *dansent* sur de la musique disco. Leur groupe préféré *s'appelle*
« Les Jackson Five » et leur film culte *est La Fièvre du samedi soir* (*Saturday Night Fever*).

Relax. Juin 1975.

Dites comment était la mode des jeunes en 1975. Mettez les verbes à l'imparfait.

En 1975, pour être à la mode, les jeunes **portaient** ....

Il était 10 heures quand l'orage a éclaté...

Dégâts causés par la tempête

Hier matin, un grand soleil illuminait l'Île-de-France, lorsqu'une violente tempête a brusquement éclaté et a ravagé la région parisienne. À Triel, il n'y a eu aucune victime mais de nombreux dégâts.

Récit de Julia Lauber, correspondante allemande de Laure G., en échange linguistique au collège Paul-Verlaine.

Il était dix heures. Nous étions en cours de latin. Il faisait beau dehors. Tout était calme, quand soudain une pluie très forte est tombée. Incroyable. C'était comme sous les tropiques. Puis le vent a soufflé, de plus en plus fort. Le tonnerre a grondé. C'était horrible. Personne ne parlait plus dans la classe. Le professeur non plus. Tout à coup, on a entendu un grand bruit. Nous nous sommes approchés de la fenêtre : le vieux marronnier était déjà par terre, enfin… sur le toit du préau. Heureusement, il n'y avait personne dans la cour. Nous étions tous en classe.

■ **L'imparfait**   → tableaux de conjugaison, p. 112

■ **L'imparfait** et le **passé composé** sont deux temps du **passé**, qui nous permettent de voir l'événement passé de manière différente.   → formation et emploi, p. 10

– **Avec l'imparfait**, on décrit une situation à un moment (non délimité) du passé. On ne connaît pas nécessairement le début ou la fin de l'événement. On voit l'événement **pendant son déroulement**.

Il **faisait** beau. = On décrit la situation. On montre le décor. On nous met dans l'ambiance. On ne sait pas depuis quand il faisait beau.

– **Avec le passé composé**, on voit une action, plus ou moins longue, délimitée dans le temps, avec un début et une fin, **terminée** au moment où l'on parle. On voit l'événement **après son déroulement**.

Une forte pluie **est tombée**. = À un moment donné et pendant un certain temps, il a plu. Maintenant il ne pleut plus. C'est fini.

• **L'imparfait** et le **passé composé** sont souvent reliés. Ils fonctionnent alors par contraste.

– **L'imparfait** sert de **décor**, de **toile de fond**, de **cadre**, de **second plan** à une action ponctuelle (*s'approcher de la fenêtre*) ou plus ou moins longue (*la pluie*).

Un grand soleil **illuminait** l'Île-de-France…

– Le **passé composé** met au **premier plan** cette **action**, ponctuelle ou plus ou moins longue, qui vient perturber la situation, **interrompre** le déroulement d'un événement.

… **quand** une violente tempête **a brusquement éclaté**…

ET DANS VOTRE LANGUE ?
Y a-t-il deux (ou plusieurs) temps pour décrire ou raconter une action qui s'est déroulée avant le moment où l'on parle ?

L'imparfait et le passé composé — EXERCICES

1. Quelle partie de la phrase décrit l'ambiance, décrit le cadre de l'action ?
Quelle partie de la phrase montre une action qui vient l'interrompre ?
Mettez le verbe à l'imparfait sur la ligne horizontale (le temps qui se déroule)
et le verbe au passé composé sur la flèche verticale qui la coupe (action qui coupe,
qui interrompt). Expliquez votre choix oralement, avec des mots simples,
ou dans votre langue si vous voulez.

1. Hier matin, alors qu'un grand soleil **illuminait** l'Île-de-France = [1]
une violente tempête **a éclaté** sur la région parisienne. = [2]

Imparfait : le soleil **illuminait**…

On utilise **l'imparfait** pour décrire la situation, le décor. On nous met dans l'ambiance : un grand ciel bleu, un grand soleil…

Passé composé : … une tempête **a éclaté**…

La tempête éclate pendant qu'il faisait beau. Elle vient interrompre le calme, le beau temps. Donc le verbe est au **passé composé**.

2. Tout était calme, quand soudain une pluie très forte est tombée.

3. Nous étions déjà près de la fenêtre, quand le tonnerre a grondé.

4. Puis le tonnerre a grondé. C'était terrible.

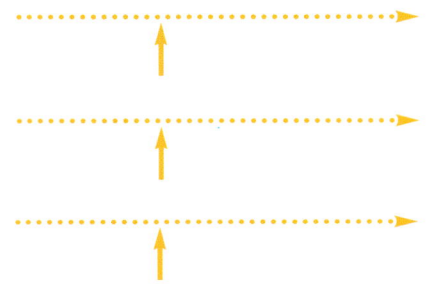

2. Continuez sur le même modèle.
Dessinez l'horizontale (imparfait) et la verticale (passé composé).
Attention, parfois il y a plusieurs horizontales ou plusieurs verticales.
Parfois, dans certaines phrases, il n'y a pas de verticale, ou pas d'horizontale.

1. Personne ne parlait plus dans la classe. = [1]
Tout le monde regardait dehors, = [2]
quand tout à coup, on a entendu un grand bruit. = [3]

2. Nous nous sommes approchés de la fenêtre, mais = [1]
le vieux marronnier était déjà par terre. = [2]

3. Heureusement, il n'y avait personne dehors. = [1]
Nous étions tous en cours, = [2]
quand l'arbre est tombé. = [3]

4. C'était terrible. = [1]

5. Puis soudain tout est redevenu calme. = [1]
La pluie a cessé. = [2]
Le soleil est revenu. = [3]

L'imparfait et le passé composé

3. Complétez le texte en mettant les verbes à l'imparfait ou au passé composé. Imaginez que c'est le scénario d'un film.

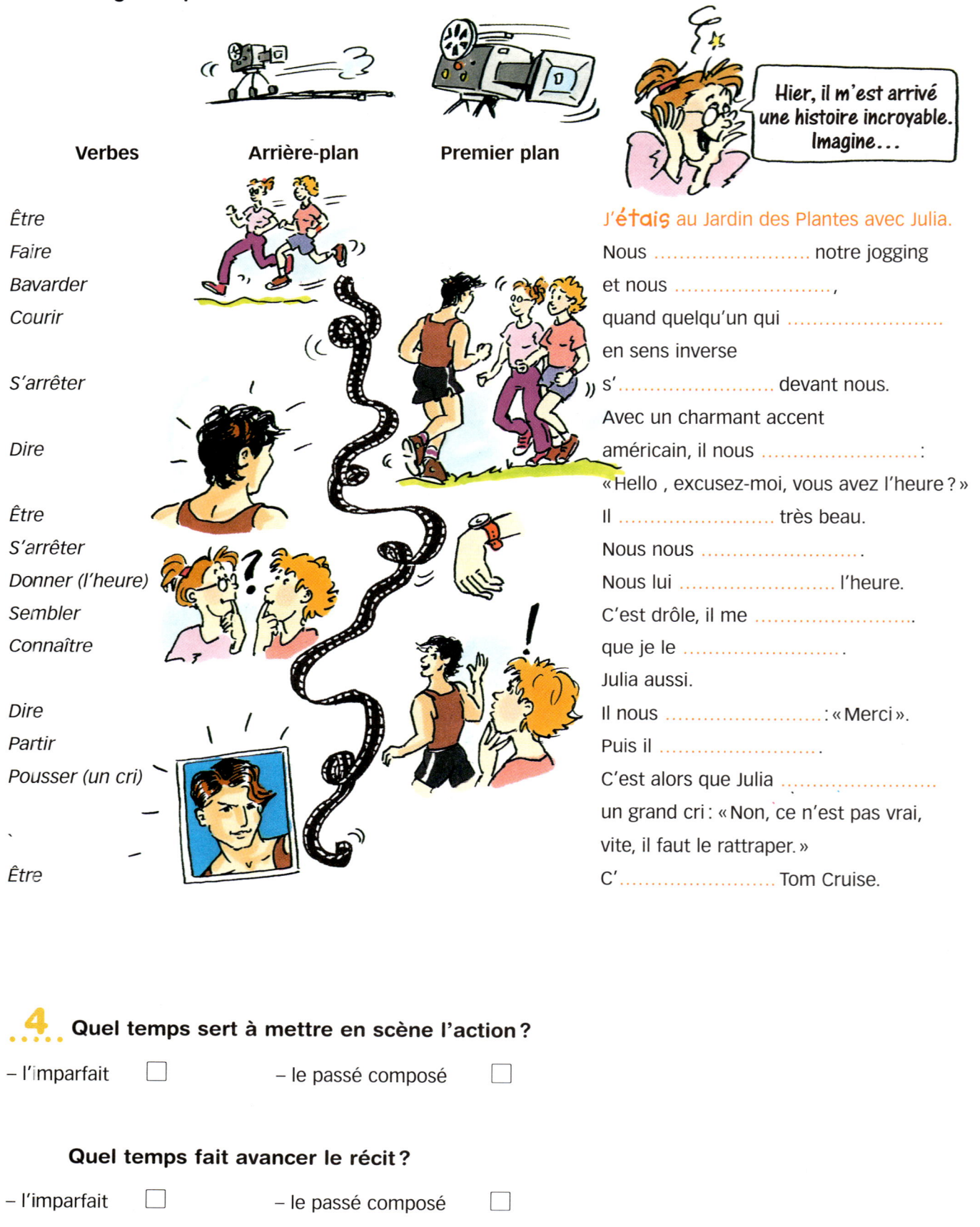

| Verbes | Arrière-plan | Premier plan |

Hier, il m'est arrivé une histoire incroyable. Imagine…

Être — J'**étais** au Jardin des Plantes avec Julia.
Faire — Nous ……………… notre jogging
Bavarder — et nous ………………,
Courir — quand quelqu'un qui ……………… en sens inverse
S'arrêter — s'……………… devant nous.
Avec un charmant accent américain, il nous ……………… :
Dire — « Hello, excusez-moi, vous avez l'heure ? »
Être — Il ……………… très beau.
S'arrêter — Nous nous ………………
Donner (l'heure) — Nous lui ……………… l'heure.
Sembler — C'est drôle, il me ………………
Connaître — que je le ………………. Julia aussi.
Dire — Il nous ……………… : « Merci ».
Partir — Puis il ……………….
Pousser (un cri) — C'est alors que Julia ……………… un grand cri : « Non, ce n'est pas vrai, vite, il faut le rattraper. »
Être — C'……………… Tom Cruise.

4. Quel temps sert à mettre en scène l'action ?

– l'imparfait ☐   – le passé composé ☐

Quel temps fait avancer le récit ?

– l'imparfait ☐   – le passé composé ☐

L'imparfait et le passé composé — EXERCICES

5. Inventez une autre histoire sur le même modèle.
Utilisez l'imparfait et le passé composé.
Mettez dans une colonne les phrases qui vont servir d'arrière-plan,
qui décriront la situation, l'ambiance, et dans une autre
les phrases qui vont faire avancer le récit.

Hier, il m'est arrivé une chose extraordinaire.

....

6. Complétez le texte. Utilisez l'imparfait ou le passé composé.

Pendant la tempête, d'autres arbres *(tomber)* **sont tombés**.

1. Un autre marronnier *(briser)* .... la vitrine d'une bijouterie.
2. La police *(enquêter)* ....
3. Des policiers *(interroger)* .... des jeunes qui *(être)* .... dans la rue ce soir-là.
4. Le policier : Où *(être)* ....-vous hier soir à 19 heures ?
5. Sami : Au stade, parce qu'*(il y a)* .... un match de foot.
6. Le policier : Mais le match *(ne pas avoir lieu)* .... à cause de la tempête. Le sol *(être)* .... détrempé*.
7. Sami : Oui, mais à ce moment-là, je ne le *(savoir)* .... pas.
8. Le policier : Bon, d'accord, moi non plus ! Et ensuite ?
9. Sami : Je *(rentrer)* .... chez moi.
10. Le policier : Et que *(faire)* .... ?
11. Sami : Ben, je *(regarder)* .... un autre match à la télé.
12. Le policier (à Léo) : Et vous, pendant ce temps-là, que faisiez-vous ?
13. Léo : Je *(regarder)* .... le match avec Sami.
14. Le policier : Vous *(être)* .... seuls ?
15. Léo : Non. Votre fils et votre neveu *(être)* .... là aussi.
16. Le policier : Qu'est-ce qu'ils *(faire)* .... chez vous ?
17. Léo : Ben… leur devoir de maths !

_____
*trop humide : plein d'eau.

Un jour, tu verras…

SE SITUER DANS LE TEMPS

Capricorne

VOYAGE — Cet été, tu partiras avec des copains, vous découvrirez de nouveaux endroits et vous rirez beaucoup.

AMOUR — Au cours d'un voyage, tu rencontreras un garçon sympa. Il aimera ta gaieté, ton intelligence, mais il n'appréciera pas toujours ton ironie.

ARGENT — Tu ne gagneras pas au loto mais tu recevras un jour une surprise d'un cousin étranger.

TRAVAIL — Les résultats scolaires de ce trimestre seront très bons. Mais attention… seulement si tu travailles régulièrement !

N'importe quoi !

■ Comment forme-t-on le futur simple ?

• Pour les verbes en *–er* et en *–ir*,
– on prend l'**infinitif** : rencontre**r**, parti**r**
– on ajoute les terminaisons du futur :

> je rencontrer **ai**
> tu aimer **as**
> il / elle / on partir **a**

• Pour les verbes en *–re*,
– on prend l'**infinitif** et on enlève le *-e* : comprendr*e*, vivr*e*, connaîtr*e*
– et on ajoute les **terminaisons** du futur :

> nous attendr **ons**
> vous mettr **ez**
> ils / elles rir **ont**

■ Quand utilise-t-on le futur simple ?

Avec le futur simple, on voit une action, un événement **avant son déroulement**. On voit donc l'événement **après le moment où l'on parle** (ou l'on écrit).

Celui qui parle projette l'action, l'événement dans l'**avenir**. Il met une **distance** (temporelle) entre lui et l'événement à venir.

Cette distance est souvent marquée par un **indicateur de temps**, qui sépare l'événement à venir du moment où l'on parle : *un jour, demain, dans un mois…*

> **Cet été**, tu partiras avec des copains.
> **Un jour**, tu auras une surprise…

C'est pour cela qu'on trouve souvent le futur simple dans les horoscopes ou dans les prévisions météo.

> **Demain**, il fera beau sur toute la France.

C'est pour cela qu'on utilise souvent le futur pour des projets ou des bonnes résolutions.

> Karim : Demain, **je parlerai** à Julia. **Je l'inviterai** au cinéma. **Je lui dirai**…

C'est pour cela aussi que dans beaucoup de cultures, on accompagne un événement vu dans le futur de « *Plaît à Dieu … Si Dieu le veut … Inch' Allah …* ». On ne sait pas si l'action se réalisera.

ET DANS VOTRE LANGUE ?
Comment imagine-t-on un événement dans le futur ?
Est-ce par un temps, comme en français ?
Ou emploie-t-on un auxiliaire de mode ?

Le futur simple — EXERCICES

1. Complétez les phrases de la diseuse de bonne aventure. Mettez les verbes au futur simple.

Je vois dans les lignes de ta main, cher Alex, que :
1. tu **rencontreras** une fille sympa. (rencontrer)
2. tu lui .... à danser la salsa. (apprendre)
3. elle te .... comment tenir debout sur ta planche à voile. (montrer)
4. vous .... beaucoup. (rire)
5. mais ce ne .... pas cet été ! (être)

2. Complétez le « monologue intérieur » de Karim. Mettez les verbes au futur simple. → verbes irréguliers, p. 113

Demain, **je parlerai** à Julia.
1. Quand elle (être) .... seule, j'(aller) .... lui dire bonjour.
2. Je (se présenter) ....
3. Je lui (parler) .... en allemand.
4. Elle (rire) .... de mon accent. Et je (rire) .... aussi.
5. Cela (détendre) .... l'atmosphère.
6. Je l'(accompagner) .... jusque chez elle.
7. Je lui (donner) .... mon numéro de téléphone.
8. Elle m'(appeler) ....
9. Je l'(inviter) .... au cinéma.
10. Elle (venir) .... sûrement avec Laure.
11. Peut-être qu'(il y a) .... aussi Sarah, Léo et Alex.
12. Nous la (ramener) .... chez elle.
13. Et puis après, on (voir) ....
14. Nous (se retrouver) .... peut-être dans l'autocar samedi, pour aller visiter les châteaux de la Loire.
15. Je lui (garder) .... une place à côté de moi.

3. Complétez les dialogues. Mettez les verbes au futur simple. → verbes irréguliers, p. 113

1. Sarah : Quand **j'aurai** (avoir) de l'argent, je .... le tour du monde (faire).
2. Léo : Quand tu .... le tour du monde (faire), tu m'............................ de l'argent (envoyer).
3. Justine : Quand nous .... (voir) Sarah, nous lui .... (remettre) le bonjour de Carla. Elle m'a téléphoné hier.
4. Leila : Quand je .... (voir) Sarah, je lui .... (demander) un Coca. J'ai soif.
5. Alex : Quand je .... (être) grand, j'............................ (acheter) une grande maison.
6. Sa mère : Et tu .... (ranger) tes chambres !

dix-sept – 17

Le car partira à huit heures... Il va partir

SE SITUER DANS LE TEMPS

■ **Quand utilise-t-on le futur simple ?**

• Avec le futur simple, celui qui parle voit ou projette une action dans l'**avenir**, en dehors du présent, du moment où il parle.

• Le futur simple met une **coupure entre le moment présent** (où on parle) et **le moment du futur** où on envisage l'événement.

Le car **partira** à 8 heures précises.
Pour Laure, ce n'est pas tout de suite. Elle prend donc son temps.

• On met alors souvent un **indicateur de temps**.
À onze heures, nous serons à Chambord.

• On utilise aussi le futur simple pour :
– **donner un ordre**.
Le professeur de français à ses élèves :
Vous apprendrez la conjugaison du verbe « faire » au futur pour demain.
– **faire une promesse**.
Laure à propos d'un secret de Julia :
Je ne dirai rien à Karim. Je te le promets.

■ **Quand utilise-t-on le futur proche ?**

• Avec le futur proche, celui qui parle voit une action dans un **avenir proche**, en lien avec le présent, avec le moment où il parle

• On voit l'événement **sans coupure avec le présent**. L'action ne s'est pas encore produite mais va se produire.

Dépêchez-vous, le car **va partir** !
Pour Karim, le car va partir tout de suite. Il le voit partir sans Laure. Et sans Julia !

• Dans ce cas, il n'y a **pas d'indicateur de temps**.
Ne bouge pas, je vais ouvrir.

• On utilise aussi le futur proche pour **attirer l'attention**, pour **mettre en garde**.
La mère de Laure à Laure et à Julia qui traînent :
Si vous ne vous dépêchez pas, vous allez rater le car.
À Alex et à Léo :
Arrêtez de vous disputer ou je vais me fâcher...

ET DANS VOTRE LANGUE ?
Est-ce qu'il existe deux futurs ?
Est-ce qu'on utilise aussi le futur pour donner un ordre, pour faire une promesse ?

Le futur simple et le futur proche — EXERCICES

→ p. 112

1. Le futur sert aussi à donner des ordres.
Mme Marty a rédigé les dix commandements de la « vie de famille paisible ».
Complétez les six premiers ordres et inventez les quatre derniers.

1. Au retour du collège, vous **ferez** vos devoirs. — *faire*
2. Vous .... la télévision. — *ne pas regarder*
3. Vous .... les assiettes du goûter dans le lave-vaisselle. — *ranger*
4. Vous .... promener le chien. — *aller*
5. Vous ne .... pas. — *se disputer*
6. À 19 h 00, vous .... la table. — *mettre*
7. ....
8. ....
9. ....
10. ....

2. Mettez les verbes au futur pour promettre quelque chose.

1. Nous **essayerons** d'être sages. — *essayer*
2. Ce soir, nous .... dormir tôt. — *aller*
3. Demain, nous .... dès que tu nous .... — *se lever – appeler*
4. Quand nous .... de l'école, nous .... nos leçons — *rentrer – apprendre*
   directement. (Mais d'abord nous .... proprement, c'est promis.) — *goûter*
5. Demain soir, nous .... cinq autres promesses. — *écrire*

Bonne fête Maman
Sarah Alex Léo

3. Imaginez les quatre autres promesses.

6. Nous ne **réclamerons** plus d'argent de poche tous les jours.
7. ....
8. ....
9. ....
10. ....

4. Reliez A et B.

A	B
1. Demain, à midi…	a. … **nous serons** à Chambord.
2. Quand je serai à Chambord…	b. … tu vas tomber.
3. Au lieu de rêver, dépêche-toi…	c. … tu vas être en retard.
4. Fais attention à la marche du car…	d. … nous a dit notre professeur d'histoire.
5. Vous réviserez votre cours sur la Renaissance…	e. … je visiterai le célèbre château.
6. Elle va se fâcher…	f. … j'ai rêvé à Julia au lieu de relire mon texte.

1 Quand je la verrai, je lui dirai…

SE SITUER DANS LE TEMPS

> Quand j'étais petit, je rêvais souvent de la princesse charmante*.
> Quand j'ai vu Julia, j'ai rougi.
> Quand elle arrive au collège, je pâlis.
> Quand elle me prendra dans ses bras, je verrai la vie en rose.

*Féminin de *Prince charmant*.

■ **Quand** peut relier deux actions qui se passent en même temps (au **passé**, au **présent** ou au **futur**).

On emploie alors le **même temps** pour les **deux verbes**.

• Quand j'étais petit, je rêvais souvent de la princesse charmante.
= 2 verbes à l'imparfait = Karim se revoit petit en train de rêver = période peu précise = une ambiance = une habitude.

• Quand j'ai vu Julia, j'ai rougi.
= 2 verbes au passé composé = les deux actions se sont passées en même temps, à un moment précis.

• Quand elle arrive au collège, je pâlis.
= 2 verbes au présent. Chaque matin, chaque fois qu'elle arrive, il a peur de lui parler.

• Quand elle me prendra dans ses bras, je verrai la vie en rose.
= 2 verbes au futur = Ce n'est pas encore réalisé. Il voit tout cela dans un futur… plus ou moins lointain.

■ Mais **quand** peut aussi relier deux actions qui ne se passent pas en même temps. → p. 12

• Quand **j'ai vu** Julia, ❷
action ponctuelle dans le passé
   ↓
   elle **était** avec Laure. ❶
   circonstances de l'action

= Julia était déjà avec Laure, quand je l'ai vue.
Les deux actions ne sont pas simultanées.

• Quand (alors que) je **parlais** avec Julia, ❶
circonstances
   ↑
   Karim **est arrivé**. ❷
   action

= J'étais en train de parler avec Julia, quand (tout à coup) Karim est arrivé.
Les deux actions ne sont pas simultanées.

> **ET DANS VOTRE LANGUE ?**
> Est-ce que vous pouvez employer « quand » avec un verbe au présent, au passé et au futur ?

Les indicateurs de temps — EXERCICES

1. a. Lisez le texte suivant et, pour chaque phrase, dites si les actions se passent en même temps ou non. Cochez la bonne réponse.

Karim raconte son enfance à Julia.

	OUI	NON
1. Quand j'étais petit, je vivais au Maroc, dans les montagnes.	☒	☐
2. J'avais 6 ans quand je suis arrivé en France.	☐	☐
3. Quand nous avons atterri, nous sommes allés chez des amis, à Paris.	☐	☐
4. Maintenant, j'habite à Triel et je m'y plais beaucoup.	☐	☐
5. Mais le soir quand je suis un peu triste, je pense à mes montagnes marocaines.	☐	☐
6. Et cet été quand je serai là-bas, je penserai à Triel, et à toi.	☐	☐

b. Pouvez-vous dire à quel moment se déroulent les différents événements ? Cochez la bonne réponse.

	Dans le passé : avant le moment où Karim parle	Dans le présent : à l'époque où Karim parle	Dans le futur : après le moment où Karim parle
1.	☒	☐	☐
2.	☐	☐	☐
3.	☐	☐	☐
4.	☐	☐	☐
5.	☐	☐	☐
6.	☐	☐	☐

c. Répondez aux questions suivantes. Cochez la bonne réponse.

1. Est-ce que Karim vit toujours au Maroc ? OUI ☐ NON ☐
2. Est-ce qu'il se revoit au Maroc, petit ? OUI ☐ NON ☐
3. Est-ce que Karim est arrivé : le jour de ses six ans ? ☐ avant six ans ? ☐ après six ans ? ☐
4. Est-ce qu'il vit en France maintenant ? OUI ☐ NON ☐

2. Complétez le texte suivant. Mettez le verbe au temps qui convient.

À son tour Julia raconte son enfance à Karim.

1. Moi, j'**ai** toujours **vécu** en Allemagne. (vivre)
2. Mais quand j'……………… petite, je ……………… toutes mes vacances en Autriche, chez mes grands-parents. (être) – (passer)
3. Nous ……………… de grandes balades dans la montagne. (faire)
4. Quand mes parents ……………… du travail à Berlin, nous ……………… . (trouver) – (déménager)
5. Maintenant nous ……………… loin de chez ma grand-mère. C'est dommage. (habiter)
6. Moi aussi, le soir, quand je ……………… (s'endormir)
   je ……………… à mes montagnes autrichiennes. (rêver)
7. Quand je ……………… grande, je ……………… là-bas. (être) – (travailler)
   On respire mieux. L'air est moins pollué.
8. Tu ……………… peut-être me voir ? (venir)

Avant... puis un jour...

SE SITUER DANS LE TEMPS

■ Pour marquer plus précisément **le moment de l'action, de l'événement**, on accompagne parfois le verbe conjugué (au temps adéquat) d'un **indicateur de temps**.

Avant,	Puis, un jour,	Depuis ce jour-là,	Dans deux jours,
Karim ne **passait** pas beaucoup de temps dans la salle de bains.	il **a rencontré** Julia, une jolie Allemande.	il **est** très coquet.	il **ira** chez le coiffeur.

■ On peut utiliser d'autres indicateurs comme :

aujourd'hui, maintenant, demain, plus tard, dans un an, l'année prochaine, l'été dernier…

ATTENTION !

Le **même indicateur** de temps peut parfois être suivi de **temps différents**.
Pour comprendre le sens de l'énoncé, il faut alors se mettre à la place de celui qui parle et se poser la question suivante :

L'action se passe avant le moment où la personne parle ?

- **Cet été, je suis allée** en Italie.
= **Passé composé**
= Réponse à la question : « Qu'as-tu fait cet été ? »
C'est fini. Maintenant, je suis de nouveau en France.

- **Cet été, j'étais** en Italie.
= **Imparfait**
= Réponse à la question : « Où étais-tu cet été ? »
La personne se revoit en Italie.

L'action se passe après le moment où la personne parle ?

- Cet été, **j'irai** en Italie.
= **Futur simple**
= Le voyage est prévu pour cet été. Pas avant.

- Cet été, **je vais** en Italie
= **Présent**
= Réponse à la question : « Que fais-tu cet été ? »
= Je le sais. Je suis sûr.

RAPPEL

Il y a + passé composé	Karim **est arrivé** en France, **il y a** huit ans (en 1994).
Depuis + présent	Karim **vit** en France **depuis** huit ans (et il y vit encore).
Dans + futur	**Dans** un an, il **ira** en Allemagne.
Pendant + passé composé	Karim **a vécu** au Maroc **pendant** six ans (il n'y vit plus).
Pendant + présent	Cet été, Karim **est** au Maroc **pendant** tout le mois d'août, il ne rentre qu'en septembre, pour la rentrée. (On est en été.)
Pendant + futur	Cet été, Karim **ira** au Maroc **pendant** tout le mois d'août, il ne rentrera qu'en septembre, pour la rentrée. (On n'est pas encore en été.)

ET DANS VOTRE LANGUE ?

Est-ce que vous pouvez employer un même indicateur de temps (comme « pendant ») avec des temps différents ?

Les indicateurs de temps — EXERCICES

1. Complétez les phrases. Utilisez le temps correct en fonction des indicateurs.

Indicateurs :

1. **a.** Quand il était petit, — Karim *(habiter)* **habitait** au Maroc.
   b. Puis un jour, — ses parents *(immigrer)* .... en France.
   c. Depuis 1994, — il *(habiter)* .... à Triel.
   d. L'été prochain, — il *(retourner)* .... dans sa ville natale, chez ses grands-parents.

Indicateurs :

2. **a.** À l'école primaire, — il n'*(être)* .... pas très bon élève.
   — il *(aimer)* .... surtout s'amuser et faire le cancre.
   b. Puis l'année dernière, — il *(changer)* .... Il *(mûrir)* ....
   c. Depuis la cinquième, — il *(travailler)* .... vraiment très bien.
   — Il *(adorer)* .... l'allemand et les maths.
   d. L'été prochain, — il *(faire)* .... sûrement un séjour linguistique en Allemagne.

Indicateurs :

3. **a.** Avant, — nous *(être)* .... très amis, Alex et moi.
   — on *(jouer)* .... souvent à des jeux vidéo ensemble.
   b. Puis, en septembre, — j'*(entrer)* .... dans l'équipe officielle de basket de la ville.
   c. Maintenant, — nous *(se voir)* .... beaucoup moins.
   — Il *(sortir)* .... plus souvent avec ses copains de cinquième.
   d. Mais l'année prochaine, — quand il *(avoir)* .... 14 ans,
   — il *(rejoindre)* .... peut-être notre équipe de basket.

2. Écrivez un petit texte sur le même modèle.
Utilisez l'imparfait, le passé composé, le présent et le futur.

Indicateurs :

3. **a.** Avant, ...

3. **b.** Puis, un jour, ...

3. **c.** Maintenant, ... et, ...

3. **d.** Cet été, ...
Cela ne *(plaire)* .... peut-être pas à mes parents.

Le futur simple

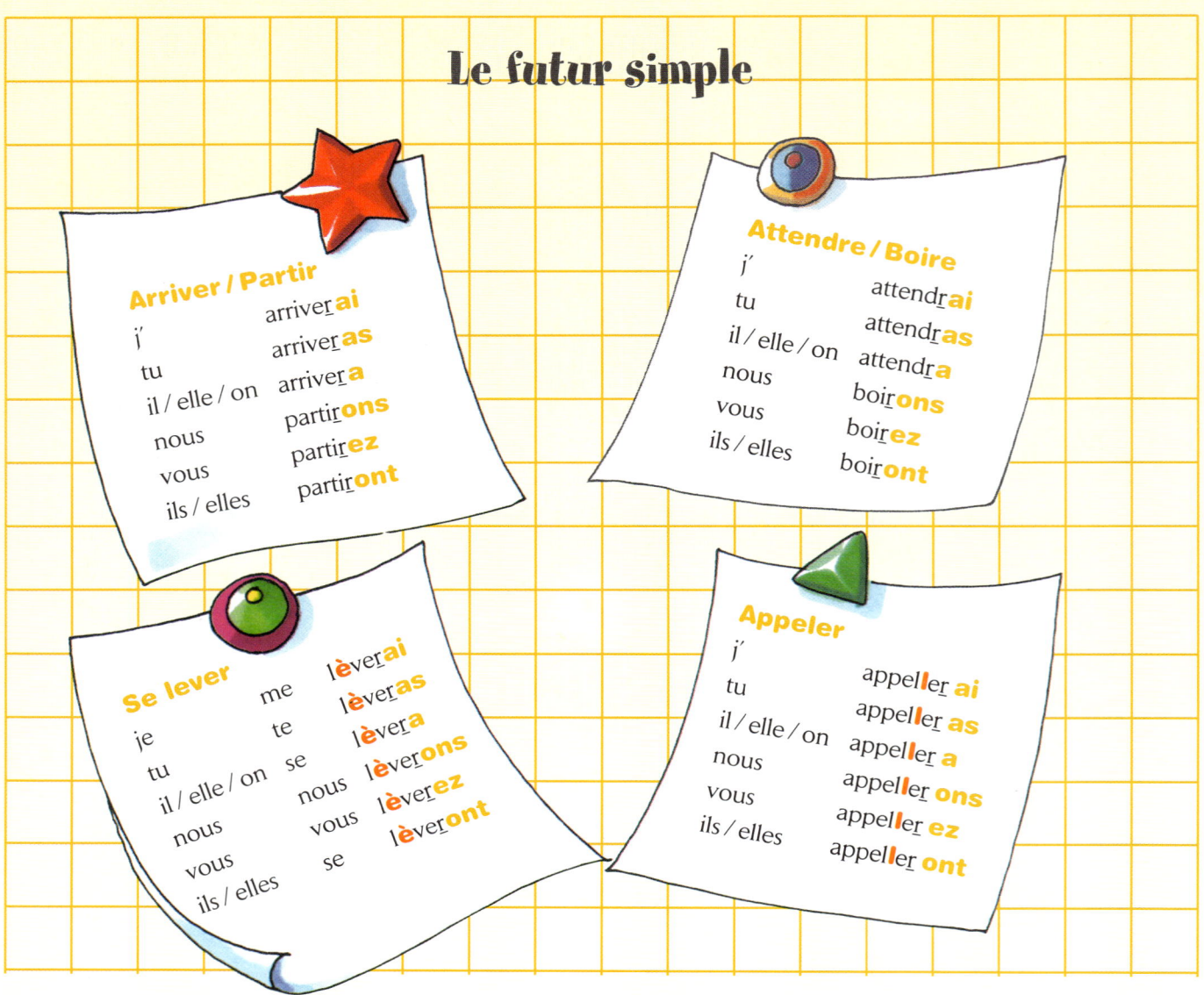

Pour donner le futur simple des verbes en :

- **-er** et **-ir**, on ajoute les terminaisons du futur simple (**-ai**, **-as**, **-a**, **-ons**, **-ez**, **-ont**) à l'infinitif.

    J'arriverai quand tu partiras.

- **-re**, comme « **prendre** », « **mettre** », « **boire** » ..., on prend l'infinitif, on enlève le « e » (« prendre̸ », « mettre̸ », « boire̸ ») et on ajoute les terminaisons du futur.

> **ATTENTION !**
>
> • Comme au présent, les verbes en « **-e + consonne + er** », comme « **se lever** », « **acheter** », « **se promener** » prennent un accent grave « **è** » devant toutes les terminaisons du verbe.
>
> • Les verbes comme « **appeler** » et « **épeler** » doublent le « l » à toutes les personnes du futur, et les verbes comme « **jeter** » doublent le « t ».
> **J'appellerai Julia et nous nous promènerons au jardin du Luxembourg.**

CONJUGAISON CONJUGAISON CONJUGAISON

1. Cochez la bonne réponse.

1. Votre grand frère a rencontré la femme de ses rêves.
   Vous lui demandez : « Tu es vraiment amoureux d'Estelle ? » Et il vous répond :
   a. Oh oui ! Nous allons nous marier. ☐
   b. Oui, nous nous marierons. ☐

2. Léo est seul avec sa mère. Sa mère se lève. Elle est sur le point de débarrasser la table.
   Léo se lève aussi et pose sa main sur le bras de sa mère. Que dit-il ?
   a. Laisse maman, je vais débarrasser. ☐
   b. Laisse maman, je débarrasserai. ☐

3. Karim a un verre de Coca à la main. Il ne fait pas attention à son verre.
   Il ne regarde que Julia. Que dit Sarah à Karim ?
   a. Attention Karim, tu vas renverser ton verre. ☐
   b. Attention Karim, tu renverseras ton verre. ☐

2. Complétez puis cochez la bonne réponse.

Léo est seul avec sa mère. Ils ont fini de déjeuner. Léo est couché sur le divan du salon.
Il lit une bande dessinée. Sa mère est en train de débarrasser. Il ne se lève pas. Il dit quelque chose à sa mère.
Elle lui répond : « Quand ? Tu dis cela mais dans une heure la vaisselle .... (être)
toujours sur la table ! » Qu'est-ce que Léo a dit ?
   a. Laisse, je vais débarrasser. ☐
   b. Laisse, je débarrasserai. ☐

3. Cochez la bonne réponse.

À votre avis, est-ce qu'on dira...

	OUI	NON
1. Dépêche-toi, Karim, tu arriveras en retard.	☐	☐
2. Écoute, Karim, ne t'inquiète pas. Tu la reverras bientôt.	☐	☐
3. Ce que je vais faire cet été ? Je ne sais pas, je m'en occuperai en juin.	☐	☐
4. Le médecin à Karim : « Allongez-vous. Je vous examinerai. »	☐	☐
5. Ce soir, vous irez dormir tôt. Demain vous partez à 6 heures.	☐	☐
6. Promis. Nous ne regarderons pas la télévision.	☐	☐

CONJUGAISON CONJUGAISON CONJ

- De nombreux verbes, très courants, changent de radical au futur (**faire** → **fer-**, **aller** → **ir-**…).

Pleuvoir	→ il	**pleuvra**
Recevoir	→ il	**recevra**
Faire	→ nous	**ferons**
Venir	→ vous	**viendrez**
Aller	→ ils	**iront**
Savoir	→ elles	**sauront**
Vouloir	→ elles	**voudront**

Devoir	→ elle	**devra**
Tenir	→ vous	**tiendrez**

Être
je **serai**
tu **seras**
il / elle / on **sera**
nous **serons**
vous **serez**
ils / elles **seront**

Avoir
j' **aurai**
tu **auras**
il / elle / on **aura**
nous **aurons**
vous **aurez**
ils / elles **auront**

Avez-vous remarqué qu'il y a toujours un **-r** au futur ?

ATTENTION !
- Certains verbes ont deux « **r** » (**rr**) :
Envoyer → j' **enverrai**
Voir → tu **verras**
Pouvoir → il **pourra**
Courir → nous **courrons**
Mourir → vous **mourrez**

Et demain, il **pleuvra** toute la journée. Vous **devrez** prendre votre parapluie…

CONJUGAISON CONJUGAISON CONJUGAISON C

1. Conjuguez les verbes au futur simple.

Faire un long voyage	Partir loin avec une copine ou un copain	Travailler pendant l'été
Un jour, je	Je	On ....
Mettre tout son argent de côté	**Acheter un billet d'avion**	**Prendre un aller simple**
Nous	Puis, nous	Je ....
Commencer par la Chine	**Aller au Vietnam**	**S'arrêter**
Ils	Ensuite, ils	Là, ils .... chez la tante de Tony.
Recevoir	**Gâter**	**Emmener**
Elle et son mari les .... chaleureusement, c'est sûr.	Elle les .... beaucoup.	Lui aussi. Il les .... visiter les plus beaux temples.
Être	**Voir**	**Ne plus vouloir**
Ce .... magnifique.	Vous .... !	Ils .... partir !

BILAN

1. Complétez avec le temps qui convient.

Avant,	Puis, un jour	Maintenant,	Demain, peut-être que…
1. on **utilisait** une plume d'oie pour écrire.	on **a inventé** le porte-plume.	on **écrit** avec un stylo bille.	on n'**écrira** plus.
2. on .... (*écrire*) sur de la pierre.	on .... (*écrire*) sur du papyrus.	on .... (*utiliser*) du papier.	on .... (*se servir*) seulement de l'ordinateur.
3. on .... (*voyager*) à cheval.	on .... (*voyager*) en carrosse.	on .... (*utiliser*) une voiture.	on .... (*se servir*) de soucoupes volantes.

2. À vous ! Sur le même modèle, inventez 2 phrases. Utilisez le temps qui convient.

Avant,	Puis, un jour	Maintenant,	Demain, peut-être que…
1.	....	....	....
....	....	....	....
2.	....	....	....
....	....	....	....

BILAN BILAN BILAN BILAN BILAN BILA

3. Poème pour Julia. Complétez le mél de Karim à Sarah en conjuguant le verbe au temps qui convient.

De : Karim   **E-mail :** karimagine@gratoos.com
À : Sarah   **E-mail :** sarah2912@gratoos.com
Objet : Un petit service à un grand ami.

Sarah, ma super amie.
1. (pouvoir) **Peux-tu** m'aider ?
2. Je ne (manger) .... plus depuis une semaine.
3. Je (croire) .... que je (être) .... amoureux.
4. Tu (être) .... forte en français. Tu (rédiger) .... hyper bien.
5. Tu (écrire) .... de très beaux poèmes.
6. (Pouvoir) ....-tu m'envoyer un petit texte drôle pour « une fille » ?
7. Je (vouloir) .... lui dire que je pense à elle, mais je (souhaiter) .... aussi la faire rire.
Merci. Karim

De : Sarah   **E-mail :** sarah2912@gratoos.com
À : Karim   **E-mail :** karimagine@gratoos.com
Objet : Re* : Un petit service à un grand ami.

À une condition : qui (être) ....-ce ?
Je te le (promettre) ...., je ne le (dire) .... à personne.
   À +**. Sarah

*Re (dans le titre des méls) = réponse (au message).
** À + (utilisé dans les méls) = À plus tard.

De : Karim   **E-mail :** karimagine@gratoos.com
À : Sarah   **E-mail :** sarah2912@gratoos.com
Objet : Re : re : Un petit service à un grand ami.

1. Bon ! Je / J'(rencontrer) .... cette fille le jour de la rentrée.
2. Elle (être) .... dans notre classe depuis une semaine.
3. Elle (parler) .... allemand. Elle (apprendre) .... le français en Allemagne, depuis trois ans je crois.
4. Ça (suffire) .... Je n'en (dire) .... pas plus.
   Karim

De : Sarah   **E-mail :** sarah2912@gratoos.com
À : Karim   **E-mail :** karimagine@gratoos.com
Objet : Re : re : re : Un petit service à un grand ami.

Karim
1. Tu (satisfaire) .... ma curiosité.
2. Tu (vouloir) .... un poème drôle ?
3. En voici un. Je (s'amuser beaucoup) .... à l'écrire.

Le matin, je ne mange pas. Je pense à toi.
À midi, je ne mange pas. Je pense à toi.
Le soir, je ne mange pas. Je pense à toi.
La nuit, je ne dors pas. J'ai faim.

   Salut
   Sarah

---

4. Quel temps utilise Sarah dans son poème ironique ?

....

À votre avis, pourquoi utilise-t-elle ce temps ? Quel indicateur de temps pourriez-vous ajouter dans la phrase « Je pense à toi. », pour expliquer votre réponse : *En ce moment. Hier. Maintenant. Toujours* ?
Entourez la bonne réponse.

vingt-neuf – 29

BILAN

5. Tous les dimanches, Karim écrit dans son journal.
Il raconte sa semaine passée.
Complétez le journal de Karim en utilisant le temps
ou l'indicateur de temps qui convient.

Le 10 septembre.
La première semaine de cours **est terminée**.
Nous *(rentrer)* .... le 4 septembre. Il *(faire)* .... beau.
Quand j'*(arriver)* .... au collège, toute la bande *(être)* .... déjà là,
sauf Sarah. Elle *(être)* .... toujours en retard. Justine *(rigoler)* ....
avec Leila, comme d'habitude. Sami *(discuter)* .... foot avec Tony. Laure *(sembler)*
.... être seule. Je *(aller)* .... vers elle. Mais en fait, elle *(ne pas être seule)*
.... À côté d'elle, il y *(avoir)* .... une fille que je *(ne pas connaître)*
.... Nous *(se regarder)* .... mais à ce moment-là, Sarah et ses frères
(arriver) .... Laure *(présenter)* .... « la nouvelle » : Julia, sa correspondante
allemande. Je *(vouloir)* .... me présenter en allemand, mais je *(ne pas oser)*
.... Puis, la cloche *(sonner)* .... Au cours de latin, pendant que le prof
nous *(décrire)* .... la vie des Romains, et que Justine et Laure *(discuter)* ....
des dieux grecs, je *(rêver)* .... aux Walkyries. Demain je lui *(parler)* ....
Mais avant cela, ce soir je *(réviser)* .... les différentes façons de se présenter en allemand,
comme cela demain, je *(être)* .... sûr de moi.

Rappel :   incertitude

Temps du futur	*Futur simple* : « Je **mangerai** dans une heure. »	= je mets une distance (une heure) entre le moment où je parle et le moment où je mangerai.
	Futur proche : « Je **vais manger** un carré de chocolat. »	= je me lève et je me dirige vers la cuisine.
	Futur immédiat : « Je **suis sur le point de manger** un carré de chocolat. »	= j'ai le carré de chocolat entre le pouce et l'index, mais le téléphone sonne...
Temps du présent	*Présent (ponctuel)* : « Je **mange** un carré de chocolat. C'est bon. »	= je suis en train de manger le carré de chocolat. Il fond dans ma bouche.
	Présent (habituel) : « Je **mange** toujours du chocolat quand je rentre du collège. »	= je mange du chocolat tous les jours. C'est une habitude.
Temps du passé	*Passé composé* : « J'**ai mangé** le carré de chocolat. »	= c'est fini. J'ai du chocolat sur les lèvres et sur les doigts.
	Imparfait : « C'**était** délicieux. »	= je revis le moment de bonheur passé.

BILAN BILAN BILAN BILAN BILAN BILA

6 Complétez les bulles ou les légendes des dessins. Aidez-vous des horloges.

Non, ce .... (ne pas être) raisonnable.
Je .... (goûter) à quatre heures.

Bon, je .... (prendre) une part de gâteau au chocolat.

Tony .... (manger) le gâteau.

Mais il est raisonnable.
Il .... (manger) des biscuits avec un verre de lait…
et il .... (rêver) du gâteau de ce soir.

Tony .... (ne pas toucher) au gâteau.
Il .... (manger) des cookies.

En Espagne, je .... (manger) du gâteau au chocolat tous les jours.

7 Dites ce que vous faites, ce que vous avez fait… Cochez la bonne case.

	OUI	NON
1. Vous venez de faire l'exercice 1…	☐	☐
2. Vous avez fait l'exercice 1 la semaine dernière…	☐	☐
3. Vous avez fait l'exercice 1 il y a deux jours…	☐	☐
4. Vous l'avez fait hier…	☐	☐
5. Vous êtes en train de le faire…	☐	☐
6. Vous êtes en train de faire l'exercice 2…	☐	☐
7. Vous allez faire l'exercice 3…	☐	☐

8. Vous ferez l'exercice 3 plus tard : **a.** ☐ demain… **b.** ☐ la semaine prochaine… **c.** ☐ dans deux jours…

8 Répondez aux questions suivantes.

1. Quand avez-vous terminé l'exercice 3 ?
   • Je / J' ....

2. Quand allez-vous commencer la leçon suivante ?
   • Je / J' ....

2 Tu m'aides ?

RACONTER SANS SE RÉPÉTER

■ **Rappel**

Quand on ne veut pas répéter un mot, on peut le remplacer par un pronom personnel.
(Ici, « **le** » remplace « ce vélo ».)

■ Le pronom personnel peut être **sujet**.

Bradley est le correspondant canadien de Sami. **Il** vient de Vancouver.
sujet

■ Le pronom personnel peut aussi être un **complément d'objet direct** (COD).

Bradley arrive en France dans une semaine. Sami **l'**attend avec impatience. = Sami attend Bradley.
COD COD

■ Le **pronom COD** se place **devant le verbe*** qu'il complète.

Tu **m'**aides ? Non, je ne **t'**aide pas.

  ❶ ❷   ❸   ❶ ❸ ❷

On jette **cette poupée** ? Non, je **la** garde.
sujet verbe COD sujet COD verbe

	Pronoms personnels **sujet**	Pronoms personnels **COD**	Pronoms personnels **sujet**	Pronoms personnels **COD**
	Singulier		Pluriel	
1ʳᵉ personne	je	**me / m'****	nous	**nous**
2ᵉ personne	tu	**te / t'****	vous	**vous**
3ᵉ personne masculin	il	**le / l'****	ils	**les**
3ᵉ personne féminin	elle	**la / l'****	elles	**les**

*Sauf à l'impératif affirmatif. → p. 52
**Devant une voyelle ou h.

ET DANS VOTRE LANGUE ?

Où placez-vous les pronoms COD?

Les pronoms personnels complément d'objet direct — EXERCICES

1. Dans le dialogue, que remplacent les pronoms personnels ? Sont-ils sujet ou COD ? Cochez la bonne case.

Il faut remplacer le tapis de la chambre de Brad. Mme Traoré et sa fille aînée discutent dans un magasin.

			Remplace	Sujet	COD
1. Madame Traoré :	Regarde ce tapis. Tu ne **le** trouves pas joli ?		= le tapis	☒	☐
2. Caroline :	Je **l'**aime bien, mais **il** est un peu trop grand pour la chambre.		....	☐	☐
3. Madame Traoré :	J'adore cette couleur. **Elle** va parfaitement avec les rideaux.		....	☐	☐
4. Caroline :	Moi, je ne **la** trouve pas assez vive.		....	☐	☐
5. Madame Traoré :	Et les motifs sur le côté, comment **les** trouves-tu ?		....	☐	☐
6. Caroline :	Oh, je ne **les** aime pas du tout.		....	☐	☐
	Ils sont vraiment démodés, « ringards », comme dirait Sami.		....	☐	☐

2. Complétez le dialogue par un pronom personnel sujet ou complément d'objet direct.

Sarah et Laure sont au téléphone. Elles s'organisent pour aider Sami à ranger la chambre de Brad.

               Sujet   COD

1. Sarah : Bon, **je** reste chez moi. Tu **me** rappelles tout à l'heure ?
2. Laure : D'accord, ... ne bouges pas. Je .... appelle de chez Sami.
3. Sarah : Et Karim, ... vient aussi ?
4. Laure : Je .... retrouve à cinq heures là-bas.
5. Sarah : Et Julia, ... vient ?
6. Laure : Ben oui ! Voyons ! Je ....emmène avec nous.
7. Sarah : .... y sera tous alors ? Oui, mais Antoine .... rejoindra plus tard.
8. Laure : Et vous, ... arrivez quand ?
9. Sarah : Ben, je .... rejoins quand Léo et Alex seront arrivés. Ah, ... arrivent. .... ont sûrement oublié. Tu .... connais ?

3. Complétez les phrases suivantes avec le, la, l', les.

Les amis de Sami sont tous là. Ils l'aident à ranger la chambre d'ami, la future chambre de Brad.
Le père de Sami continue à diriger les opérations :

1. Sami, ce carton, tu **le** descends à la cave.
2. Cette commode, vous .... poussez là, près de la fenêtre.
3. Sarah, Laure, ce placard, vous .... videz !
4. Vous pliez ces vieux vêtements. On .... donnera à la Croix-Rouge.
5. Non, ces cintres, tu .... laisses pour Bradley, Alex. Merci.
6. Cette table, tu .... mets devant la fenêtre. Voilà.
7. Et ce cadre, vous .... accrochez au mur.
8. Il est ringard, Papa. C'est comme ce tapis à grosses fleurs.
9. Écoute Sami, je .... trouve beau, moi. Peut-être que Bradley .... appréciera.
10. Pour le tapis, je suis d'accord. Vous .... roulez les gars. On .... mettra au garage.
11. Non Karim et Julia, le lit, vous .... laissez ici. Il peut rendre service à notre Canadien.

2 Elle me plaît beaucoup.

Sami : Salut Brad. Je **t'**écris en écoutant MC Solaar. Tu **le** connais ?

Brad : Non, je ne **le** connais pas. Moi, j'écoute le dernier « Offspring ».

Sami : C'est super. Justine, une amie, **les** adore. Je **lui** ai offert leur dernier CD pour son anniversaire. Est-ce que Céline Dion est toujours à la mode au Canada ?

Brad : Non, on ne **l'**entend plus beaucoup. Maintenant la star du Québec, c'est Lynda Lemay. Elle **me** plaît beaucoup. Elle est très drôle.

Sami : Bon, ben tu **me** feras entendre ta Québécoise et je **t'**initierai au rap français.

Brad : Oops ! Le téléphone sonne. Je **te** quitte. Bonjour à tes parents.

Sami : Je **leur** dirai bonsoir plutôt. Il est 23h00 ici. À+ Sami.

■ Le pronom personnel peut être sujet, complément d'objet direct (COD), → p. 32
ou **complément d'objet indirect (COI)**. Dans ce cas, il remplace la personne **à qui on s'adresse**, avec qui on fait une transaction. **liste des principaux verbes de transaction → p. 122**

                                                         COD   COI
Sami **l'**attend avec impatience. Il **lui** envoie un mél. = Sami envoie un mél **à Brad**.
     COD   COI   = Brad est le destinataire de l'envoi.

■ Le **pronom COI** (comme le pronom COD) se place aussi **avant le verbe*** qu'il complète.

  ❶ ❷   ❸   ❹   ❶ ❹   ❷   ❸
Tu dis bonjour à tes parents ? Non, je **leur** dirai bonsoir.
sujet verbe   COI   sujet COI verbe

	Pronoms personnels **sujet**	Pronoms personnels **COD**	Pronoms personnels **COI**	Pronoms personnels **sujet**	Pronoms personnels **COD**	Pronoms personnels **COI**
	Singulier			**Pluriel**		
1re personne	je	me / m'	**me / m'****	nous	nous	**nous**
2e personne	tu	te / t'	**te / t'****	vous	vous	**vous**
3e personne masculin	il	le / l'	**lui**	ils	les	**leur**
3e personne féminin	elle	la / l'	**lui**	elles	les	**leur**

Vous remarquerez que les pronoms personnels **COD** et **COI** ont la **même forme SAUF à la 3e personne**.

ET DANS VOTRE LANGUE ?
Est-ce que les pronoms COD et COI ont parfois la même forme, ou sont-ils toujours différents ?

―――――
*Sauf à l'impératif affirmatif. → p. 52
**Devant une voyelle ou h.

Les pronoms personnels complément d'objet indirect — EXERCICES

1. Relisez le « *chat* » entre Sami et Brad.
Réécrivez le texte et à la place des pronoms (en rouge), mettez la personne (ou la chose) qu'ils remplacent.

1. Moi, je t'écris en écoutant MC Solaar. = J'écris **à Brad** en écoutant MC Solaar.
2. Tu le connais ? = Tu connais ....
3. Je ne le connais pas. = Je ....
4. Justine les adore. = ...
5. Je lui ai offert leur dernier CD. = ...
6. On ne l'entend plus beaucoup. = ...
7. Je leur dirai bonsoir. = ...

2. Cochez la phrase correcte.

1. Elle me plaît beaucoup.
   = Elle plaît beaucoup à Brad. ☐
   = Elle plaît beaucoup Brad. ☐

2. Tu me feras entendre ta Québécoise.
   = Brad fera entendre Lynda Lemay à Sami. ☐
   = Brad fera entendre Lynda Lemay Sami. ☐

3. Je t'initierai au rap français.
   = Sami initiera à Brad au rap français. ☐
   = Sami initiera Brad au rap français. ☐

3. Mettez les phrases dans l'ordre.

1. Brad • envoie • mél • à • un • Sami •.
   Brad envoie un mél **à** Sami.

2. lui • Sami • répond et • adresse • lui • son • il • donne •.
   ....

3. Il • du • lui • le • fonctionnement • explique • collège •.
   ....

4. envoie • Il • photo • une • de • maison • sa • et • sa • de • famille • lui •.
   ....

5. Il • avec • attend • l' • impatience •.
   ....

4. Complétez les phrases. Conjuguez le verbe et utilisez un pronom COI.

Sami est content. Son correspondant a l'air chaleureux et très ouvert.

1. Quand il rencontre quelqu'un, en général, **il lui fait confiance**. (faire confiance)
2. Il .... facilement ses CD. (prêter)
3. Il .... son chat pendant les vacances. (confier)
4. Il .... de prendre son chien s'il s'absente. (proposer)
   Mes ses parents ne sont pas toujours d'accord !

2 Je l'ai vu. Il m'a plu.

RACONTER SANS SE RÉPÉTER

*Sami prépare la venue de Brad. Il veut programmer quelques sorties.
Il feuillette des magazines et des journaux. Il lit les critiques des films et des spectacles qui passent à Paris.*

La Planète des singes.

Plus de trente ans après Franklin Schaffner (1968), Tim Burton adapte à nouveau pour le cinéma le livre de l'écrivain français Pierre Boulle. Interview d'une collégienne cinéphile.

A.V. JOURNALISTE : Sarah, vous aimez le cinéma. Vous animez le ciné-club du collège Paul-Verlaine. Avez-vous vu la nouvelle version de *La Planète des singes* ?

SARAH M. : Oui, j'ai vu le film ce week-end. Il **m'**a plu. Je ne **me** suis pas ennuyée. Ce film **m'**a amusée mais certains personnages **m'**ont déçue. J'ai préféré l'ancienne version, je crois.

Alors... Qu'est-ce qu'il y a cette semaine. Nouveaux films : « La Planète des singes ». J'espère que Brad ne l'a pas vu. Voyons... Que dit « Ciné-Ados » ?

Ciné Ados Plus

C. HESTON — TIM ROTH

A.V. JOURNALISTE : Ah, vous connaissiez le film de Schaffner.

SARAH M. : Oui, je **l'**ai vu plusieurs fois. Et je dois dire que Charlton Heston avec sa petite jupette de peau **m'**avait davantage séduite que Mark Wahlberg en combinaison d'astronaute. Et puis dans le vieux film, il y avait Cornelius et Zira. Tim Burton **les** a abandonnés. Dommage.

A.V. JOURNALISTE : Vous préférez donc l'ancienne version ?

SARAH M. : Je ne dirais pas cela. Les masques et les costumes des acteurs sont incroyables. Le maquilleur **les** a encore mieux réussis que dans l'ancienne version. Et puis, il y a Ari, la ravissante militante des droits... de l'homme. Elle, je **l'**ai vraiment adorée.

• Aux **temps composés** (auxiliaire + participe passé), le pronom personnel, **complément d'objet direct** (COD) ou **complément d'objet indirect** (COI), se place aussi **devant le verbe** conjugué, donc devant l'auxiliaire « **avoir** ».

→ p. 32

❶ ❷ ❸ ❶ ❸ ❷
Le film   a plu   à Sarah.   =   Il   lui   a plu.
sujet passé composé COI   sujet COI passé composé

❶ ❷ ❸ ❶ ❸ ❷
Elle   a vu   **le film** plusieurs fois.   =   Elle   l'   a vu   plusieurs fois.
sujet passé composé COD   sujet COD passé composé

ET DANS VOTRE LANGUE ?
Est-ce que le pronom complément se place devant l'auxiliaire dans les temps composés ?

Les pronoms COD et COI avec un verbe au passé composé — EXERCICES

1. Remettez les mots des phrases dans le bon ordre.

Léo écrit à son oncle pour le remercier d'un cadeau qu'il a reçu.

Cher oncle Raoul,
Merci beaucoup pour ton cadeau.

1. Il ● a ● fait ● m' ● plaisir ....
   Comme tu le sais, j'aime beaucoup les bonzaïs.
2. Alors ● l' ● mis ● sur ● mon bureau ● ai ● je ....
3. et ● arrosé ● une fois ● l' ● par semaine ● je ● ai ....
   comme c'est écrit !   À bientôt, Léo.

2. a. Mettez le pronom personnel complément à la bonne place.

1. Léo : Est-ce que tu as reçu une lettre de Brad ?
   Sami : Non, mais il a envoyé un mél. (= à moi) ... Non, mais il **m'**a envoyé un mél.
2. Léo : Est-ce que tu as répondu ? (= à lui) ....
3. Sami : Oui. Hier j'ai téléphoné. (= à lui) ....
4. Léo : Est-ce qu'il est déjà venu en France ?
   Sami : Je ne sais pas. Je n'ai pas posé la question. (= à lui) ....
5. Léo : Il arrive quand ?
   Sami : Samedi. Il a donné son heure d'arrivée. (à nous) ....
6. Sami : Il arrive à Charles-de-Gaulle. Nous attendrons (Brad) à l'aéroport. ....

b. Quelle est la fonction de ces pronoms ?

1. m' (à moi) = COI – 2. lui = ... – 3. .... – 4. .... – 5. .... – 6. ....

3. Mettez le pronom personnel complément à la bonne place et dites si c'est un COD ou un COI.

Laure envoie un mél à Sarah.

Coucou Sarah !

	COD	COI
1. J'ai vu dans « Ciné-Ados » (toi). **Je t'ai vue dans « Ciné-Ados ».**	☒	☐
2. Julia voulait aller au cinéma alors j'ai prêté le magazine (à Julia).	☐	☐
3. Grâce à toi, elle a choisi ce film et on a vu (le film) avec mes parents.	☐	☐
4. Il a plu (à mes parents) « moyennement » mais nous, on a adoré (le film) !	☐	☐
5. J'ai passé l'article à Karim. Il a beaucoup aimé (l'article)	☐	☐
6. On encourage fortement (toi) à devenir critique de cinéma. À +. Laure.	☐	☐

trente-sept – 37

2. Ce film m'a plu. Il m'a beaucoup amusé(e). (suite)

RACONTER SANS SE RÉPÉTER

Relisez le texte du journal. Que remarquez-vous ?

• Dans certains cas, **le participe passé varie** en fonction du pronom.
Il prend parfois la marque de ce pronom (féminin ou pluriel).

Comment sait-on s'il faut « **accorder** » le participe passé avec le pronom ?
Il faut d'abord « analyser » ce pronom. Est-ce un pronom complément **COD** ou **COI** ?

■ Analyse du pronom complément

• Si le pronom est **complément d'objet indirect** (COI), le **participe passé ne varie pas**.

    COI   COI
Ce film **m'**a pl**u**.   = Il a plu **à** **Sarah**.   → « pl**u** » ne varie pas.

    COI   COI
Je **lui** ai téléphon**é**. = J'ai téléphoné **à** **Laure**. → « téléphon**é** » ne varie pas.

• Si le pronom est **complément d'objet direct** (COD), le **participe passé varie** :
il **s'accorde** avec le COD.

   COD / féminin
Laure, je **l'**ai v**ue** hier. → « v**ue** » est au féminin.

– Si le pronom est un **COD**, le participe passé **s'accorde** avec ce pronom.
Il faut alors se poser la question suivante : « Est-ce que la personne ou la chose
que le pronom remplace est du genre **masculin ou féminin** ? Est-ce que le mot
qu'il remplace est au **singulier ou au pluriel** ? »

– Si le COD est **masculin singulier** → le participe passé **ne varie pas**.
– Si le COD est **masculin pluriel** → le participe passé prend « **s** ».
– Si le COD est **féminin singulier** → le participe passé prend « **e** ».
– Si le COD est **féminin pluriel** → le participe passé prend « **es** ».

                COD / masculin / pluriel   COD
Tim Burton a abandonné **certains personnages**. Il **les** a abandonn**és**.
                                        « les » = masculin, pluriel → « abandonn**és** »

       COD / féminin   COD
Ce film a amusé **Sarah**. Ce film **l'**a amus**ée**.
              « l' » = Sarah = féminin, singulier → « amus**ée** »

■ Rappel : accord du participe passé avec l'auxiliaire « être »

Avec l'auxiliaire être, dans le cas des verbes pronominaux, le participe passé s'accorde avec le sujet.

Sujet
Je me suis lev**é** à 7 heures. (Je = Sami)

Sujet
Elle s'est réveill**ée** à 8 heures. (Elle = Chloé)

ET DANS VOTRE LANGUE ?

Est-ce que l'équivalent du participe passé s'accorde avec le COD si le COD est placé devant lui ?

Les pronoms COD et COI avec un verbe au passé composé — EXERCICES

1. Complétez le dialogue avec le pronom qui convient. Mettez les verbes au passé composé.

1. Mme Traoré : Ça va, Sami ? Tu n'as pas l'air en forme…
2. Sami : Mme Merlot ………………… *(rendre à nous)* notre devoir de français…
3. Mme Traoré : Alors, combien elle ………………… *(mettre à toi)* ?
4. Sami : Ben… elle ………………… *(mettre à moi)* 10, juste la moyenne.
5. Mme Traoré : Est-ce que tu ………………… *(demander à elle)* pourquoi ?
6. Sami : Elle ………………… *(dire à moi)* que je ne répondais pas au sujet. Pourtant, je ………………… *(bien lire le sujet)* ! Je ne comprends pas…
7. Mme Traoré : Pourquoi n'appelles-tu pas ton cousin Paul ? Je ………………… *(voir Paul)* cet après-midi.
   Il ………………… *(donner de bons conseils à Sami)* l'année dernière.
8. Sami : Ouais… ou alors Sarah. Elle est bonne en français et j'………………… *(aider Sarah)* en maths.

2. a. Lisez cette autre critique de *La Planète des singes* et classez les pronoms compléments (en rouge dans le texte). Cochez la ou les bonne(s) case(s).

Le nouveau long métrage de Tim Burton

On pouvait craindre la comparaison avec Schaffner ! Mais la réalisation, on peut dire que Tim Burton **l'**a soigné**e** : un bon scénario, de très bonnes prises de vue… on ne peut rien **lui** reprocher. Tous les acteurs **nous** ont plu par la qualité de leur interprétation. Ces rôles originaux de singes, ils **les** ont interprété**s** avec beaucoup de naturel, si l'on peut dire ! Mais saviez-vous que ces gestes de chimpanzés, ils **les** ont pratiqué**s** avec des spécialistes et que ces masques, ils **les** ont porté**s** des journées entières après parfois quatre heures de maquillage ? On comprend mieux le résultat !

	COD				COI
	masculin	féminin	singulier	pluriel	
l'		x	x		
lui					
nous					
les					
les					
les					

b. Expliquez l'accord des participes passés à l'aide de flèches.

1. La (réalisation), Tim Burton (l') a soign(ée).

2. Ces rôles de singes, ils **les** ont interprét**és** avec beaucoup de naturel.

3. Ces gestes de chimpanzés, ils **les** ont pratiqu**és**.

4. Ces masques, ils **les** ont port**és** des journées entières.

Les pronoms COD et COI avec un verbe au passé composé

3. Imaginez de qui Sami parle et mettez une croix dans la bonne case.

Sami s'est endormi sur le lit de Brad au milieu des magazines.
Sa sœur Chloé le réveille brusquement pour aller dîner. Il lui raconte son rêve.

1. **Elle** est	☐ arrivé	☒ arrivée	☐ arrivés	☐ arrivées	**Elle** = Julia
2. et je **l'**ai	☐ regardé	☐ regardée	☐ regardés	☐ regardées	**l'** = ...
3. Elle **m'**a	☐ vus	☐ vue	☐ vu	☐ vues	**m'** = ...
4. Je **l'**ai	☐ invitées	☐ invités	☐ invitée	☐ invité	**l'** = ...
5. Mais elle ne **m'**a pas	☐ répondue	☐ répondus	☐ répondu	☐ répondues	**m'** = ...
6. **Elle** est	☐ parti	☐ partie	☐ partis	☐ parties	**elle** = ...
7. et elle **les** a	☐ croisés	☐ croisées	☐ croisée	☐ croisé	**les** = ...
8. Je **les** ai	☐ suivi	☐ suivie	☐ suivies	☐ suivis	**les** = ...
9. Puis **elle** a	☐ disparue	☐ disparus	☐ disparues	☐ disparu	**elle** = ...
10. Et **je** me suis	☐ réveillé	☐ réveillée	☐ réveillées	☐ réveillés !	**je** = ...

4. Remplacez les réponses entre parenthèses par un pronom complément.

Les amis de Sami l'ont aidé à ranger la chambre de Brad.
Le père de Sami vérifie que tout est bien fait.

→ ex. 3, p. 33

Bon, vous avez terminé ? Voyons…

1. M. Traoré : Sami, tu as descendu les cartons à la cave ?
   Sami : Oui papa, *(j'ai descendu les cartons)* **je les ai descendus** à la cave.

2. M. Traoré : Et la commode, où est-elle ?
   Sami : Nous *(avons poussé la commode)* .... près de la fenêtre, papa.

3. M. Traoré : Sarah, Laure, ce placard, vous *(avez vidé ce placard)* .... ?

4. Laure : Oui, Monsieur Traoré, et les vieux vêtements, nous *(avons plié les vieux vêtements)*
   ....

5. M. Traoré : Vous *(avez donné ces vieux vêtements)* .... à la Croix-Rouge ?

6. Sarah : Non, pas encore, on *(a donné les vieux vêtements)* .... à votre femme.

7. M. Traoré : Qu'as-tu fait des cintres, Léo ?
   Léo : *(J'ai mis les cintres)* .... dans une boîte devant la porte.

8. M. Traoré : Et la table, où est-elle ?
   Sami : *(J'ai placé la table)* .... devant la fenêtre, papa.

9. M. Traoré : Et les cadres, vous *(avez accroché les cadres)* .... au mur ?

10. Sami : Désolé, papa, mais *(j'ai descendu les cadres)* .... dans le garage.
    Et le tapis, *(j'ai roulé le tapis)* .... et *(j'ai descendu le tapis)*
    .... à la cave.

11. Traoré : Bien. Brad peut arriver. Mais où est le lit ?
    Mme Traoré : C'est moi qui *(ai déménagé le lit)* ...., Victor !
    Les garçons *(ont aidé « moi » = Mme Traoré)* .... Il est dans le jardin.

12. Traoré : Dans le jardin ?
    Mme Traoré : Oui, *(j'ai repeint le lit)* .... en blanc. Ce sera plus joli.

Les pronoms COD et COI avec un verbe au passé composé — EXERCICES

5. Reliez A et B.

Brad va bientôt partir en France. Sa mère vérifie les préparatifs…

A
1. Brad, tu as fait ton sac ?
2. Tu as pensé aux cadeaux ?
3. Tu n'as pas oublié ton passeport ?
4. Et ta carte d'étudiant ?
5. Tu as dit « Au revoir » à tes amis ?
6. Tu nous appelleras, hein ?

B
a. Non, je l'ai mis dans ma « banane ».
b. Maman, tu exagères ! Je vous ai toujours appelés.
c. Oui, je les ai vus hier.
d. Oui, je l'ai fini il y a une heure.
e. Je l'ai rangée dans mon portefeuille.
f. Oui, je les ai emballés et rangés dans le sac à dos.

(1 → d)

6. Quel mot remplace le pronom dans la question ? Expliquez votre choix, en français, simplement, ou dans votre langue.

M. Traoré s'inquiète. Tout est rangé mais il ne trouve plus rien.
Il pose des questions aux enfants. De quoi parle-t-il ?

1. Vous l'avez rangé dans le garage ?   ☐ voiture   ☒ vélo   ☐ motos
   « Vélo », parce que « vélo » est masculin, singulier et « l' » est le pronom COD masculin, singulier.

2. Vous les avez mises où ?   ☐ photos de famille   ☐ lettre de Brad   ☐ cintres
3. Où l'avez-vous posée ?   ☐ clef de la chambre de Brad   ☐ magazine   ☐ valises
4. Qui l'a caché ?   ☐ tapis à fleurs   ☐ commode   ☐ cadres
5. Pourquoi l'avez-vous repeinte ?   ☐ lit   ☐ commode   ☐ bureau
6. Tu ne l'a pas vue ?   ☐ Chloé   ☐ Alex et Léo   ☐ Karim
7. Mme Traoré : Tu l'as apportée à ton père ?   ☐ journal   ☐ tasse de thé   ☐ livres

7. Accordez les participes passés et faites une flèche pour les relier
  – au pronom complément puis au nom avec lequel ils s'accordent ;
  – ou au pronom sujet avec lequel ils s'accordent.
Pas de flèche s'il n'y a pas de COD.

Laure n'a pas eu de chance aujourd'hui. Elle est furieuse. Elle téléphone à sa mère :
Oh là là, quelle journée !

1. Mon (réveil), je ne (l') ai pas entend(u).

2. Je me suis levé_ en retard et, du coup, le bus, je l'ai manqué_. J'ai dû marcher. Il pleuvait.
   Je n'avais pas de capuche.

3. Quand je suis arrivé_ au collège, j'étais trempé_.

4. Et je n'avais pas mon cartable ! Je l'avais posé_ pour fermer la maison à clef et je l'ai oublié_ devant la porte.

5. Quand je suis entré_ dans la classe, j'ai craqué_ et j'ai pleuré_.

6. Heureusement, les copines m'ont consolé_ !

2 Vous y reviendrez !

Brad va bientôt quitter Vancouver pour la France. Il y restera un trimestre. Il veut skier pendant son séjour. Il se rend à l'Office du tourisme français pour y prendre de la documentation sur les stations de ski dans les Alpes.

Skiez en France

La Plagne : un grand domaine skiable avec 10 stations, pour tous les goûts.
Vous **y** trouverez 210 km de piste pour faire du ski à tous les niveaux et 100 km de pistes de ski de fond.
Les surfeurs **y** trouveront aussi leur bonheur dans les trois snowparks.
Le soir, les villages anciens vous feront goûter au charme de la Savoie. Vous **y** découvrirez de nombreux restaurants traditionnels et vous **y** mangerez la célèbre fondue.

*Vous **en** sortirez enchantés.
Venez-**y** cette année, vous **en** garderez d'excellents souvenirs et vous **y** reviendrez l'année prochaine
ou… vous ne voudrez plus **en** partir.*

■ On utilise les pronoms **en** et **y** pour indiquer un lieu qu'on ne veut pas répéter.

■ Comme les autres pronoms (COD et COI), **en** et **y** se placent devant le verbe.

La Plagne est un grand domaine skiable.
On **y** trouve 210 km de pistes. = On trouve 210 km de pistes à **La Plagne**.
 pronom verbe (présent)

Ils **en** sont revenus enchantés. = Ils sont revenus enchantés de **La Plagne**.
 pronom verbe (passé composé)

■ On utilise **en** pour indiquer **d'où** on vient.

J'**en** viens. = Je viens de La Plagne.

■ On utilise **y** pour indiquer **où on va, où on est**.

J'**y** vais. = Je vais à La Plagne.
J'**y** suis. = Je suis à La Plagne.

■ Deux expressions verbales à retenir : « s'en aller » et « y aller ».

On **y** va ou on s'**en** va ?

ET DANS VOTRE LANGUE ?
Comment indique-t-on le lieu sans répéter le nom de l'endroit ?

RACONTER SANS SE RÉPÉTER

En et *y* pour indiquer le lieu — EXERCICES

1. Remplacez les mots soulignés par le pronom *y*. Placez-le au bon endroit.

Brad rentre chez lui et trouve un message de Sami. Il **y** répond.

> De : sami2512@gratoos.com
> A : bradtype@gratoos.com
> Alors, Brad, tu es allé à l'Office du tourisme.
> Tu as trouvé ce que tu cherchais à l'Office du tourisme ?
> Tu **y** as trouvé ce que tu cherchais ?
> Que veux-tu faire quand tu seras en France ? Où veux-tu aller ?
> À + Sami

De : bradtype@gratoos.com
A : sami2512@gratoos.com

1. Oui, je suis allé à l'Office du tourisme ce matin. ....
2. J'ai trouvé de la documentation sur La Plagne à l'Office du tourisme. ....
3. Tu connais cette station de ski ? D'après la brochure, on trouve à La Plagne de nombreuses pistes pour tous les niveaux. ....
4. J'ai parlé avec mon copain Tom, un bon skieur aussi. Il est allé à La Plagne l'année dernière avec ses parents. ....
5. Il dit que c'est super. Et ma professeur de français m'a dit qu'on mangeait très bien à La Plagne. ....
6. Tu crois qu'on pourra aller à La Plagne ? ....

2. Remplacez les mots soulignés par le pronom *y* ou *en*. Placez-les au bon endroit.

Sami a trouvé le message de Brad en rentrant. Il **y** répond.

> De : sami2512@gratoos.com
> A : bradtype@gratoos.com
> C'est drôle le hasard. Cette année, notre classe fait une semaine de ski. Et devine où ? À La Plagne.

1. Nous allons à La Plagne avec notre professeur de sports et notre professeur de musique. ....
2. C'est la semaine « orchestre-ski » en montagne. On fait du ski le matin et de la musique l'après-midi à la montagne. ....
3. Ma sœur est allée l'année dernière à La Plagne. ....
4. Elle est revenue de La Plagne enchantée. ....
5. Elle s'est bien amusée à La Plagne. ....
6. Et elle a rapporté des photos superbes de La Plagne. ....
7. Et toi tu enverras des cartes postales à ton ami Tom de La Plagne. ....

2 Il en faut beaucoup !

RACONTER SANS SE RÉPÉTER

Le SKIMBOARD — ADO-SPORTS
un sport de glisse qui décoiffe mais qui demande un peu de technique.

Sur la vague, il faut de la souplesse, il **en** faut. Il **en** faut même **beaucoup**.
De la force dans les cuisses ? Oui, il **en** faut **pas mal**.
Et au début, de la persévérance, il **en** faut un **peu** parce qu'on tombe souvent.
Et le sable… c'est dur !

■ On utilise le pronom **en** pour reprendre un nom précédé d'un article partitif **du**, **de la**, **de l'**, **des**.

   De la souplesse, il **en** faut. = Il faut **de la** souplesse.

• Quand on veut, en plus, **évaluer la quantité**, on ajoute un « quantificateur » : **plusieurs**, **beaucoup de**, **trop de**, **pas mal de**, **(très) peu de**… Dans ce cas, on met le pronom **en** devant le verbe et le quantificateur (sans « de ») **derrière** le verbe.

   De la souplesse, il **en** faut **beaucoup**. = Il faut **beaucoup de** souplesse.
   De la force, il **en** faut **pas mal**. = Il faut **pas mal de** force.

• Quand on veut **préciser la quantité**, on ajoute un nombre (**un**, **deux**, **trois**…) ou une expression de quantité : **un litre de**…, **une boîte de**… Dans ce cas aussi, on met le pronom **en** devant le verbe et le nombre ou l'expression de quantité (sans « de ») **derrière** le verbe.

— Tu as des sœurs, toi ?
— J'**en** ai **une**. C'est suffisant. = J'ai une sœur.

— Tu as acheté **du Coca** ?
— Oui, j'**en** ai acheté **un litre**. Ça suffira ?

ET DANS VOTRE LANGUE ?
Comment reprend-on une expression de quantité ?

En pour reprendre la quantité — EXERCICES

1. Remplacez les mots soulignés par **en**. N'oubliez pas de garder les quantificateurs (mots qui expriment le nombre ou la quantité).

Recette de la fondue : plat typique des Alpes françaises et suisses.
Pour faire une fondue, il faut du fromage. Il faut <u>beaucoup de fromage</u>. Il **en** faut **beaucoup**.

1. Il faut <u>trois fromages</u>.
2. Tu prends de l'emmenthal. Tu achètes <u>200 grammes d'emmenthal</u>.
3. Tu prends aussi du gruyère. Tu prends <u>200 grammes de gruyère</u>.
   Il ne faut pas oublier le Beaufort.
4. C'est cher, alors tu mettras <u>moins de Beaufort</u>.
5. Ah, le vin, du vin de Savoie bien sûr. Tu achètes <u>2 bouteilles</u>.
   Une pour faire la fondue. Une pour boire avec la fondue. Alors, tu commences par le vin blanc.
6. Tu mets <u>un demi-litre de vin blanc</u> dans le poêlon.
   Puis tu ajoutes le fromage coupé en fines tranches.
7. Tu ne mets <u>pas trop de fromage</u> au début sinon il ne fond pas.
8. Tu ajouteras <u>du fromage petit à petit</u>.
9. Et du vin, tu verseras <u>du vin régulièrement</u> dans le poêlon.
   Tu tournes avec une cuillère en bois. Quand tout le fromage est fondu, la fondue est prête.
10. Tu prends <u>un peu de fondue</u> sur un bout de pain pour goûter.
    Si c'est bon, tu mets le poêlon sur la table avec une corbeille de pain coupé en petits morceaux.
11. Chacun prend une dizaine <u>de morceaux de pain</u> sur son assiette.
12. Chacun met <u>un morceau de pain</u> sur sa fourchette
    et le trempe dans la fondue.
    Celui qui perd son morceau de pain dans le poêlon a un gage.

2 Je pense toujours à lui.

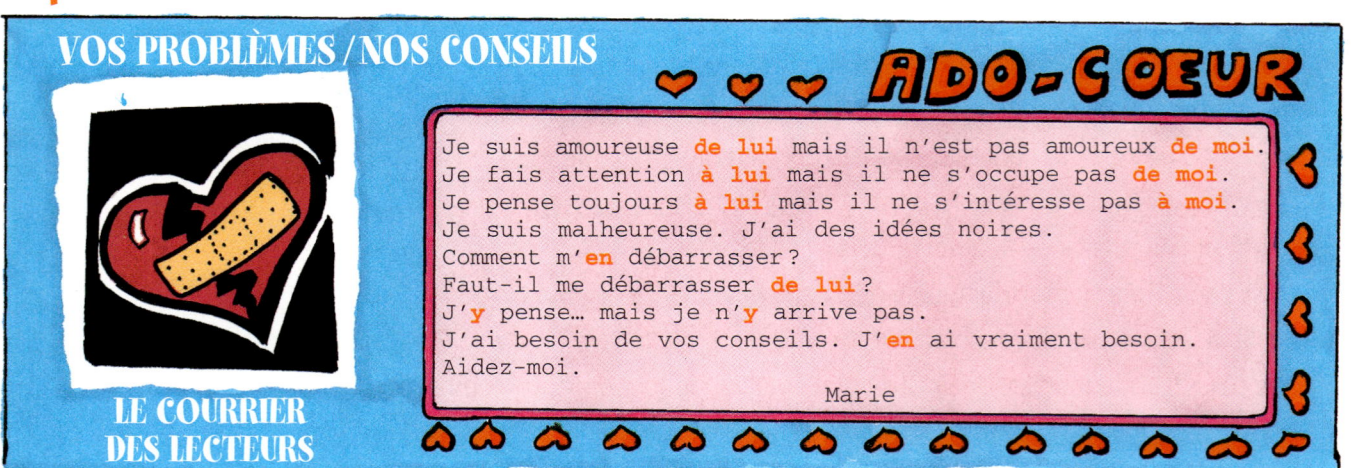

RACONTER SANS SE RÉPÉTER

VOS PROBLÈMES / NOS CONSEILS — **ADO-CŒUR**

LE COURRIER DES LECTEURS

Je suis amoureuse **de lui** mais il n'est pas amoureux **de moi**.
Je fais attention **à lui** mais il ne s'occupe pas **de moi**.
Je pense toujours **à lui** mais il ne s'intéresse pas **à moi**.
Je suis malheureuse. J'ai des idées noires.
Comment m'**en** débarrasser ?
Faut-il me débarrasser **de lui** ?
J'**y** pense… mais je n'**y** arrive pas.
J'ai besoin de vos conseils. J'**en** ai vraiment besoin.
Aidez-moi.
                                                    Marie

■ Certains **verbes** (ou adjectifs) sont toujours **suivis de la préposition à** ou **de**.

→ liste des verbes à préposition « rigide » p. 123

• Si le pronom remplace une **personne**, on garde la préposition et on met un **pronom tonique**, après **à** ou **de**. (On dit que la préposition est « rigide ».)

Elle pense à **moi**.

Je tiens à **toi**.

Il s'intéresse à **elle**.

Elle renonce à **lui**.

Vous vous souvenez de **nous**.

Nous avons besoin de **vous**.

Elles parlent d'**eux**.

Ils rêvent d'**elles**.

• Si le pronom remplace une **chose** ou une **phrase** (infinitif), la préposition disparaît et on met :
– le pronom **en** si le verbe est suivi de **de**
– le pronom **y** si le verbe est suivi de **à**.

– Tu penses à notre rendez-vous ?
– Bien sûr que j'**y** pense.

– Tu te souviens de l'adresse ?
– Je m'**en** souviens parfaitement.

– Tu t'occupes du cadeau ?
– Ah non, c'est Sami qui s'**en** occupe !

■ Derrière les **prépositions** *chez, avec, devant, derrière…* on met aussi un **pronom tonique**, si on parle de **personnes**.

– Tu viens **avec moi chez lui** ?

– Non ce soir, je reste **chez moi, avec elle**.

■ **RAPPEL**

jouer de la guitare, **du** piano, **de** l'harmonica
→ J'**en** joue.

mais

jouer au foot, **à la** poupée, **aux** billes
→ J'**y** joue.

mais

faire du foot, **du** ski, **de la** natation, **de l'**escalade
→ J'**en** fais.

ET DANS VOTRE LANGUE ?
Est-ce qu'il y a des verbes qui sont toujours suivis des mêmes prépositions ?

En et *y* après certains verbes à préposition rigide — **EXERCICES**

1. Remplacez les noms répétés (soulignés) par un pronom. Faites attention à la préposition (**à** ou **de**) et à ce qui la suit : une personne ou une chose (ou un infinitif).

Pendant que Sami prépare la venue de Brad, Karim rêve de Julia.

1. Il **pense** tout le temps **à** Julia. Il pense tout le temps **à elle**.
2. Aider Sami ? Il **pense à** aider Sami bien sûr. ....
3. Mais c'est plus fort que lui : il n'**arrive** pas **à** aider Sami. ....
4. Il sait que Sami **a besoin de** Karim. ....
5. Mais lui, il a besoin de Julia, d'être **avec** Julia, ou de **rêver de** Julia. ....

Mais Sami n'a pas le temps de l'écouter.
Les autres garçons non plus.
Il a donc décidé d'écrire à Ados Plus.

6. Il a **besoin d'**écrire. ....
7. Il parlera **de son histoire à** Sophie. ....
8. Il lui **parlera de** son histoire longuement. ....
9. Elle au moins, il est sûr qu'elle ne **rira** pas **de** son histoire. ....
10. Elle **s'intéressera à** son histoire. ....

2. Dites à quoi renvoie le pronom. Cochez la bonne réponse.

Pendant que Karim rêve de Julia,

1. Sarah s'**y** intéresse ☐ à un voyage au Canada. ☐ à Brad.
2. Elle n'**y** résiste pas ☐ à téléphoner à l'Office du tourisme canadien. ☐ à Brad.
3. Elle s'**y** rend ☐ à l'Office du tourisme. ☐ chez Sami.
4. Elle parle avec **elle** ☐ avec l'hôtesse de l'Office du tourisme canadien. ☐ avec Brad.
5. Elle rêve de **lui** ☐ de partir en vacances au Canada. ☐ de Brad.

3. Lisez attentivement la fiche d'identité de Brad. Complétez-la avec les pronoms **en** ou **y**.

Nom : Type
Prénom : Brad
Victoria High School
Vancouver/B.C.

Loisirs :
Je joue au foot parce que j'aime les sports d'équipe. **J'......... joue** avec mon grand frère et mes copains. **Du ski, j'......... fais** beaucoup. Au Canada et aux États-Unis. J'aimerais beaucoup .... **faire** en France.
Je joue aussi de la guitare. J'......... joue tous les soirs. Je suis dans un groupe de rock.

En et *y* après certains verbes à préposition rigide

4. Complétez avec le pronom qui convient : *en* ou *y*.

1. Brad est très sportif. Du sport, à Vancouver, il **en** fait **beaucoup**.
2. Il fait du ski en hiver et de la voile en été. Et du tennis, il .... fait toute l'année.
3. Sami fait du foot dans l'équipe du collège. Il .... fait aussi avec ses copains.
4. Il joue aussi au tennis. Il .... joue tous les mercredis. Ils s'entendront bien.
5. Brad aime la musique. Il joue de la guitare. Il .... joue bien. Il s'entendra bien avec Sarah.
6. Elle fait de la batterie. Elle .... joue dans le groupe de rock du collège.
7. Tous font du ping-pong. Ils pourront .... jouer ensemble, après les cours, avec le père de Sami. C'est un ancien champion.

5. Trouvez l'instrument dont chacun joue en fonction de ses goûts. Puis faites une phrase selon le modèle. Utilisez le pronom *en*.

Rappel : Jouer **d'**un instrument (**de la** guitare, **du** piano, **de** l'harmonica…)

Sarah est dans un groupe de rock. Karim aime le rythme afro-cubain. Julia aime J.-S. Bach.
Il aime le flamenco. **Laure aime Chopin.** Léo adore Louis Armstrong.

Laure	le piano	souvent	Laure joue **du** piano. Elle **en** joue souvent.
Sarah	la trompette	tous les soirs	....
Léo	le violoncelle	régulièrement	....
Karim	la batterie	au conservatoire	....
Iannis	le djembé	depuis 4 ans	....
Julia	la guitare	avec ses copains	....

6. Sports de glisse. Posez une question (colonne **A**) et choisissez la réponse dans la colonne **B**. Attention au temps du verbe et à la place de *en*. N'oubliez pas l'expression de temps.

Rappel : Faire **du** sport (**du** tennis, **de la** natation, **de l'**escalade…)

A	B
1. faire du surf	a. l'année dernière. C'était génial !
2. faire du ski	b. l'été dernier sur la côte atlantique à Biarritz. J'ai adoré.
3. faire du flysurf*	c. non, mais Brad à Vancouver presque tous les week-ends.
4. faire de la planche à voile	d. oui, parfois, avec mon petit frère…
5. faire du snowboard	e. cet hiver à La Plagne.
6. faire de la luge	f. chaque année en février dans les Alpes.
7. faire du ski nautique	g. jamais *(verbe au passé composé)*. Qu'est-ce que c'est ?

*Le flysurf est un nouveau sport de glisse sur la neige : une planche + une voile.

En et *y* après certains verbes à préposition rigide — EXERCICES

1. Brad, tu **fais du** surf ?
   ou Brad, tu **as déjà fait du** surf ?
   a. Oui, **j'en ai fait** l'année dernière. C'était génial.

2. ...
3. ...
4. ...
5. ...
6. ...
7. ...

7. Travaillez par deux. Chacun à son tour pose une question. L'autre y répond, selon le modèle.

a. Sami / foot / jouer ?
b. tous les samedis

a. Sami, **tu joues au** foot ?
b. Oui, **j'y joue** tous les samedis.

1. a. [x] / jouer / tennis / ?
   b. deux fois par semaine
2. a. [x] / jouer / basket / ?
   b. après le collège
3. a. [x] / jouer / ping-pong / ?
   b. avec Carla

À vous.
Continuez sur le même modèle.

4. a. ...
   b. le soir avec mes copains
5. a. ...
   b. ...

Tu me le donnes ?

RACONTER SANS SE RÉPÉTER

Dialogue (bande dessinée) :

— Salut Brad.
— Bonjour Sami ! Bonjour Chloé.
— Tu as fait bon voyage ?
— Excellent !
— Tu es chargé avec tous ces sacs. Je **t'en** prends **un**.
— Je peux porter ton skate ? Tu **me le** donnes ?
— D'accord ! J'ai un cadeau pour toi. Je **te le** donne tout de suite ?
— Non, tu **le lui** donneras plus tard. On va d'abord prendre un verre au café. Mes parents **nous y** attendent.

■ On utilise parfois **deux pronoms compléments**.
On les place alors **devant le verbe** dans un ordre qu'il faut respecter : *vers la pointe du triangle*.

COD/COI personnes	COD personnes et choses	COI 3ᵉ personne	Lieu ou à + chose	Lieu ou de + chose	
me / m'					
te / t'	le / l'	lui			
se / s'	la / l'	leur	y	en	**VERBE**
nous	les				
vous					

■ Il faut apprendre cet ordre par cœur.

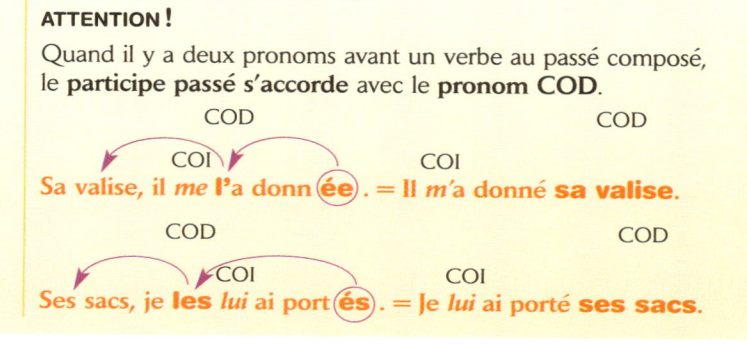

> **ATTENTION !**
> Quand il y a deux pronoms avant un verbe au passé composé, le **participe passé s'accorde** avec le **pronom COD**.
>
>   COD   COD
>   COI   COI
> Sa valise, il **me l'**a donn**ée**. = Il **m'**a donné **sa valise**.
>
>   COD   COD
>   COI   COI
> Ses sacs, je **les lui** ai port**és**. = Je **lui** ai porté **ses sacs**.

ET DANS VOTRE LANGUE ?
Dans quel ordre se placent les pronoms COD et COI ?

L'ordre des pronoms compléments — EXERCICES

1. Mettez les mots de la phrase dans l'ordre.

1. Brad / lui / avec / beaucoup / bagages / avait / de → **Brad avait beaucoup de bagages avec lui.**
2. Sami / en / pris / un / lui / a / . ...
3. Tu / donnes / un / en / m' / ? .... demande Chloé.
4. D'accord mais / me / rendras / tu / le / .... lui répond Brad.
5. Les parents de Sami sont au café.
   les / ils / attendent / y / . ...
6. Brad a apporté des cadeaux pour eux :
   leur / donne / il / les / . ...
7. un / lui / ils / offrent / en / aussi / . ...

2. Complétez avec un ou des pronoms compléments.
Faites une flèche pour le(s) relier aux noms qu'il(s) remplace(nt).

TEST : Êtes-vous généreux ?

1. Un ami vous demande 15 euros. Que faites-vous ?
   – Je **les lui** offre tout de suite.
   – Je .... donne mais je demande des intérêts.
   – Je réfléchis. Il .... demandera peut-être à un autre ami.
2. Une vieille dame monte dans l'autobus et demande votre place pour s'asseoir.
   – Je fais comme si je ne .... entends pas.
   – Je me lève et je .... laisse.
   – Je .... indique un siège libre un peu plus loin.
3. Vous allez au cinéma avec un ami. Il n'a pas assez d'argent pour payer sa place.
   – Vous .... offrez.
   – Vous .... donnez l'argent qui .... manque.
   – Tant pis. Vous y allez seul !

3. Répondez aux questions. Utilisez un ou des pronoms. Accordez les participes passés.

Mme Traoré, en bonne hôtesse, s'inquiète. Elle vérifie que Brad est bien installé.

1. Mme Traoré : Sami, tu visites la maison avec Brad ?
   Sami : Je **la lui** ai déjà montr**ée**, maman.
2. Mme Traoré : Bon, et tu lui a montré sa chambre ?
   Sami : Oui, je .... *(conduire)* dès qu'on est arrivé.
3. Mme Traoré : Et tu lui as monté ses bagages ?
   Sami : Oui, je .... *(déposer)* dans sa chambre.
4. Mme Traoré : Chloé, as-tu ramassé tes jouets et tes poupées ?
   Chloé : Oui, maman, je .... *(ranger)* dans mon coffre à jouets.
5. Mme Traoré : Oh, Sami, est-ce que tu as préparé des draps pour Brad ?
   Sami : Oui, je .... *(laisser)* sur son lit.

cinquante et un – 51

2 — Passe-la-moi !

RACONTER SANS SE RÉPÉTER

Le championnat de hand-ball inter-collèges approche. L'équipe du collège Paul-Verlaine s'entraîne.

> Karim, Karim, passe-**moi** la balle ! Passe-**la-moi** !

> Non, ne **la lui** lance pas ! Donne-**la** à Bradley, passe-**la-lui**, il est mieux placé !

> Zut ! Je ne **le** vois pas. Ah si ! Va**s-y**, attrape-**la** Brad ! Ouais, but !

> Bien joué Brad !

Pour « dire à quelqu'un de faire quelque chose », on utilise parfois l'**impératif**.

→ *conjugaison de l'impératif, p. 56*

■ Quand un verbe est à l'**impératif négatif**, les **pronoms compléments** se placent aussi **devant le verbe** et **ne** se place **devant** le (ou les) **pronom(s)**. **Pas** se place **après** le verbe impératif.

N'**y** va pas.   Ne t'**y** mets pas.
Ne **me le** donne pas.   Ne **la lui** lance pas.

→ *négation, p. 102*

• L'**ordre** des pronoms compléments est le même que dans la phrase affirmative (« le triangle »).

→ *ordre des pronoms, p. 50*

■ Mais, si le verbe est à l'**impératif affirmatif**, les **pronoms compléments** se placent **après le verbe** à l'impératif.

verbe pronoms	pronoms verbe
Passe-la-lui.	(Mais : Ne la lui lance pas.)
Donne-m'en.	(Mais : Ne m'en donne pas.)

ATTENTION !
L'**ordre** et la **forme** de certains pronoms changent : **le / la / les** se placent devant **moi** (au lieu de **me**), **toi** (au lieu de **te**), **nous**, **vous**, **lui** et **leur**.

Verbe   Verbe pronoms
Passe-la-moi.   **Donne-le-nous.**

VERBE à l'impératif affirmatif	COD 3ᵉ personne	COI autres personnes
Donne	**le**	**moi**
Achète	la	**toi** (rare)
Rends	**les**	**lui**
Donne	la	**nous**
Achetez	la	vous (rare)
Rendez	**les**	**leur**

ATTENTION !
Donne-m'en.
Mets-t'y.
Donnez-nous-en.
Mettez-vous-y.

ET DANS VOTRE LANGUE ?
Est-ce que c'est aussi compliqué ?

Les pronoms compléments et l'impératif — EXERCICES

1. Piochez dans les sacs de sport et remettez les mots dans le bon ordre pour retrouver les phrases de chacun.

- IANNIS : la / lance / moi
- PROF DE GYM : la / ne / donne / lui / pas / non — Brad / lui / passe / la
- GARDIEN : le / regarde
- KARIM : Brad / y / vas

Iannis : .... Le gardien de but : ....
Le prof de gym : .... Karim : ....

2. Complétez les slogans publicitaires avec un ou des pronoms compléments. *Placez-les* correctement dans la phrase.

1. C'est bon pour la santé.
   Buvez-........ sans modération.
   → **Buvez-en** sans modération.

2. Regarde-............ .
   Admire-............ .
   Essaye-............ .
   Mais ne .... garde pas.
   Rends-............ .

3. La Saint-Valentin…
   pensez-............ .
   Et votre Valentine,
   ne .... oubliez pas !
   Offrez-............ des fleurs.

4. Vous voulez faire plaisir à des amis :
   Surprenez-............ .
   Offrez-............ des places de théâtre.

5. N'............ allez pas !
   Courez-............ !

6. Prenez-............ .
   et adieu les embouteillages !

7. Vos vieux vêtements :
   Ne .... jetez plus !
   Donnez-............ .

8. Ne .... regarde pas comme ça.
   Achète-............ .
   Je ne coûte qu'un euro.

3. À vous ! Inventez des slogans publicitaires ! Trois phrases par pub. Deux impératifs affirmatifs (avec un ou des pronoms compléments) et un impératif négatif (toujours avec un ou des pronoms compléments).

Pile	Harry Potter (livre)	Ordures / tri sélectif	Bonbons
(Se servir de la pile)	*(Acheter le livre)*		
Mais *(ne pas jeter la pile)*	*(Dévorer le livre)*		
Mais			
(Recharger la pile)	Mais *(ne pas avaler le livre)*		

cinquante-trois – 53

RACONTER SANS SE RÉPÉTER

2 En boire sans modération !

*Les parents de Sami ont invité les parents de Laure à dîner.
Julia et Brad ont décidé de leur faire une surprise. Ils préparent l'apéritif.*

Bon ! On a une heure devant nous. Il faut se dépêcher. Tu as la recette, Brad ?

Oui. La voilà !

LE FAKIR, COCKTAIL SANS ALCOOL

Ingrédients :
- 2 litres de lait froid
- 20 cl de sirop d'ananas
- 20 cl de sirop d'orange
- 10 cuillères à café de sucre vanillé
- 3 litres de Coca Cola
- 1 douzaine de glaçons

ADO-Cook

- Prendre un grand saladier.
- Y verser les sirops et le lait.
- Remuer les ingrédients.
- Y verser cinq cuillères à café de sucre.
- En réserver cinq pour la décoration.
- Ajouter le Coca Cola dans le cocktail.
- Le servir frais, avec des glaçons, dans des verres givrés !
(Les givrer avec le sucre vanillé restant et un peu d'eau.)

Succès garanti !

■ À l'écrit, on peut aussi utiliser l'**infinitif** pour **dire de faire** (ou de ne pas faire) quelque chose. On trouve donc souvent des infinitifs dans les recettes, les modes d'emploi, les listes de conseils…

– **Verser** le lait dans le saladier.

– **Débrancher** l'appareil avant de le laver.

■ Le ou les **pronoms compléments** se placent alors **devant le verbe à l'infinitif**.

– **Y ajouter** du sucre = Ajouter du sucre dans le lait.

– (Débrancher l'appareil) avant de **le laver**. = […] avant de laver l'appareil.

■ La négation se place **devant l'infinitif**   **Ne pas ajouter** d'alcool.
                   devant les pronoms et l'infinitif.   **Ne pas en ajouter.**

ET DANS VOTRE LANGUE ?

Est-ce que l'infinitif peut remplacer l'impératif pour donner une explication (ou un ordre) ?

Les pronoms compléments et l'infinitif — EXERCICES

1. Pour ceux qui n'aimeraient pas le *Fakir*, Brad a aussi préparé du « vrai » thé glacé comme au Canada.
Pour retrouver la recette, mettez les phrases dans le bon ordre.

Pour faire un « vrai thé glacé »,

1. *Prendre de l'eau, …*

Ordre	A	B	C
2. B + A	faire bouillir	la	
3.	verser dans une bouteille	la	
4.	trois sachets de thé	prendre	
5.	faire	les	tremper
6.	du sucre et du citron	ajouter	y
7.	secouer	la bouteille	
8.	mettre	la	au frais
9.	y	laisser	l'

Rafraîchissement assuré !

2. Les Traoré ont un nouveau téléphone-répondeur.
Sami regarde le mode d'emploi pour enregistrer l'annonce d'accueil.
Il est à l'impératif. Rédigez-le à l'infinitif.

MODE D'EMPLOI (à l'impératif)

1 **N'installez pas** l'appareil dans une pièce humide.
2 **Ne le posez** pas à côté d'un évier ou d'une baignoire.
3 **Ne l'utilisez pas** à une température supérieure à 45°C.
4 **Branchez**-le et appuyez sur le bouton marche.
5 **Soulevez** la trappe cassette.
6 **Ne la tirez pas.**
7 **Insérez**-y une cassette.
La touche **annonce** se trouve juste au-dessous.
8 **Maintenez**-la enfoncée jusqu'au rembobinage de la cassette (environ 3 secondes). La cassette se rembobine puis le répondeur émet un *bip*.
9 Après le *bip*, **parlez** distinctement à environ 15 cm de l'appareil.
10 La touche **stop** se trouve sur la gauche. **Enfoncez**-la quand vous avez terminé.
11 Le volume est situé sur le côté droit. **Réglez**-le.

Votre répondeur est prêt à enregistrer les messages !

MODE D'EMPLOI (à l'infinitif)

1. Ne pas l'installer dans…
2. ....
3. ....
4. ....
5. ....
6. ....
7. ....
8. ....
9. ....
10. ....
11. ....

L'impératif

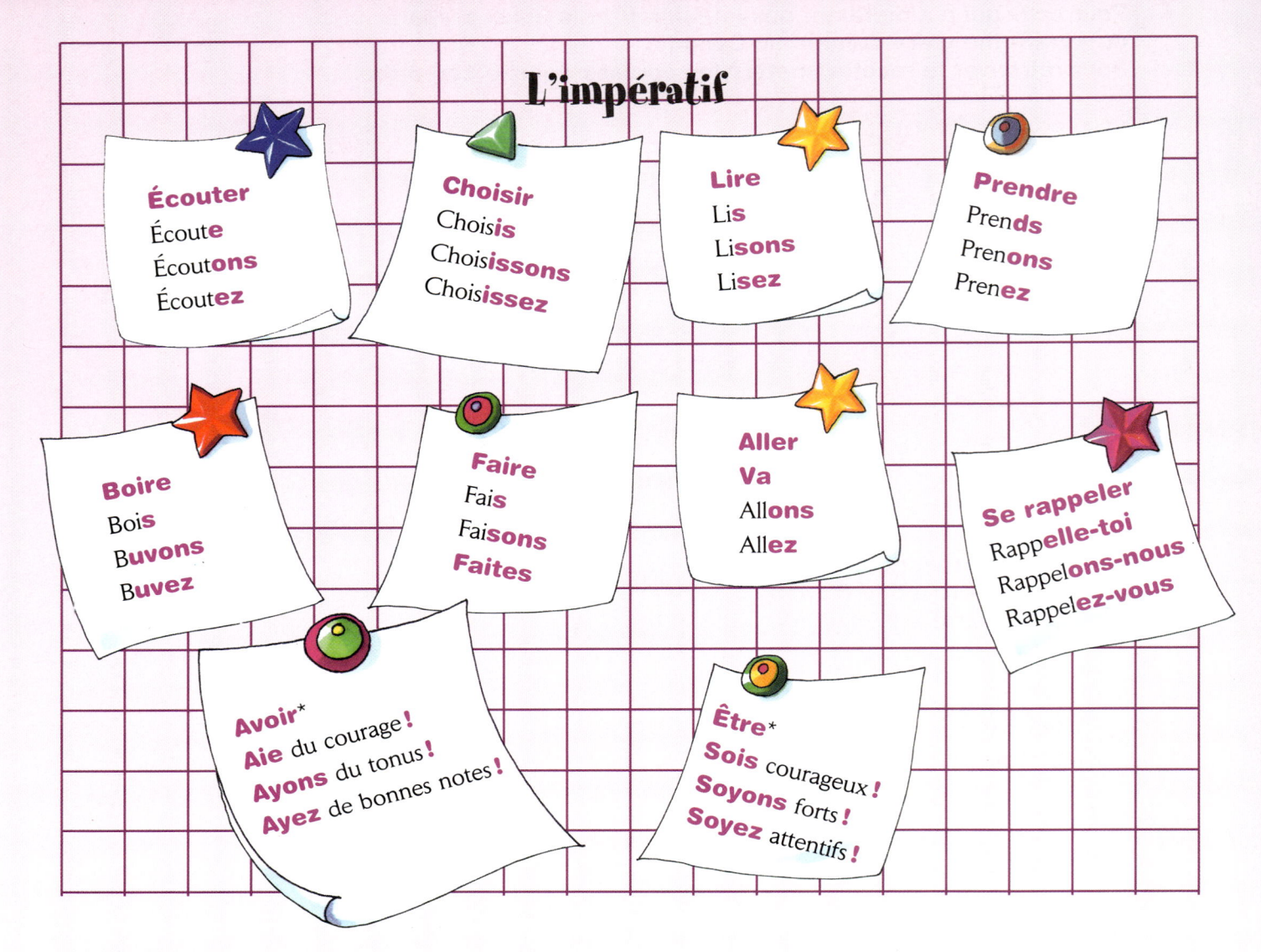

Écouter
Écoute
Écoutons
Écoutez

Choisir
Choisis
Choisissons
Choisissez

Lire
Lis
Lisons
Lisez

Prendre
Prends
Prenons
Prenez

Boire
Bois
Buvons
Buvez

Faire
Fais
Faisons
Faites

Aller
Va
Allons
Allez

Se rappeler
Rappelle-toi
Rappelons-nous
Rappelez-vous

Avoir*
Aie du courage !
Ayons du tonus !
Ayez de bonnes notes !

Être*
Sois courageux !
Soyons forts !
Soyez attentifs !

■ L'impératif se conjugue **comme le présent**. Mais l'impératif n'a **pas de sujet** exprimé.

Viens ! (Tu viens)   Partons ! (Nous partons)   Mangez ! (Vous mangez)

■ Pour les **verbes en « -er »**, à la 2ᵉ personne du singulier, la terminaison est « -e ».

Écoute ! = tu écoutes   Montre la maison à Brad ! = tu montres…

■ Mais, **devant « y » ou « en »**, on met un « **s** », pour que cela sonne mieux.

Vas-y !   Achètes-en trois !
   ‿   ‿
   z   z

■ L'impératif des verbes *offrir*, *ouvrir* et *souffrir* est offre, ouvre, souffre.

■ Il y a aussi des **impératifs irréguliers**.   → tableaux de conjugaison, p. 112

Va (aller) ! **Aie** (avoir) confiance ! **Sache** (savoir) te défendre ! **Sois** (être) fort !

---

*Être et avoir sont, comme d'habitude, irréguliers.

CONJUGAISON CONJUGAISON CONJUGAISON

1. Utilisez l'impératif et des pronoms compléments à la place des noms entre parenthèses.

Brad est très sympathique. Sarah aimerait l'inviter. Mais elle n'ose pas. Laure et Justine lui donnent des conseils.

Laure : 1. Téléphoner à Sami. → **Téléphone à Sami.**

2. Et *(dire à Sami)* .... de venir chez toi samedi, avec lui.

Justine : 3. Non, *(acheter)* .... des places de cinéma.

4. *(En acheter deux)* .... : une pour toi et une pour ton frère Léo.

5. Puis *(appeler Brad)* ....

6. et *(demander à Brad)* .... s'il veut venir avec toi parce que ton frère est malade.

Sarah : Et si on voit Léo dans la rue, à la sortie du cinéma ?

Laure : 7. Je l'inviterai pour réviser son contrôle de maths.

Justine : 8. *(Choisir)* .... un bon film français, qu'il n'a pas vu.

9. et *(expliquer à Brad)* .... que c'est un film à ne pas rater.

10. *(Inviter Brad)* .... chez toi avant le film et *(résumer le film à Brad)* .... , sans lui dire la fin.

Laure : 11. Et *(regarder Brad)* .... droit dans les yeux quand tu lui parles.

2. À votre tour, donnez quatre conseils à Sarah.
Utilisez l'impératif et des pronoms compléments quand c'est possible.

1. **Attends-le** à la sortie du collège et ....
2. ....
3. ....
4. ....

3. Complétez les conseils de l'entraîneur de hand. Mettez les verbes à l'impératif négatif. Remplacez les mots soulignés par des pronoms.

1. Toi, Karim, c'était très bien ! Mais fais attention, tu as des équipiers, **ne t'en éloigne pas trop**.
(*s'éloigner de ses équipiers*)

2. Tu as la balle et tu es encerclé, ... (*garder la balle*) pour toi puis fais une passe !

3. Mais si ton équipier n'est pas libre, ... (*ne pas passer la balle à l'équipier*) !

4. Antoine, tu avais un adversaire près de toi, ... (*ne pas laisser l'adversaire*) s'avancer. Bloque-le.

5. Une partie du terrain était occupée par eux, ... (*ne pas se mettre dans cette partie du terrain*).

6. Les joueurs adverses sont très forts, ... (*ne pas aider les joueurs adverses*) en restant à côté d'eux !

7. Bon, le gardien, ça allait ! Mais ton attention, ... (*ne pas relâcher son attention*) et regarde-moi de temps en temps.

■ Lorsque l'**impératif** est **suivi d'un pronom complément**,
il y a un **trait d'union** «-» entre le verbe et le(s) pronom(s).

   Allez-y ! – Donne-le-moi. – Prends-le

■ **Rappel**

Il y a aussi un **trait d'union** entre le verbe à l'impératif et le pronom complément dans le cas des **verbes pronominaux**.

   Souviens-toi ! (se souvenir)

   Informons-nous ! (s'informer)

   Rappelez-vous ! (se rappeler)

■ On utilise l'**impératif** pour donner :

– un ordre : **Venez** ici immédiatement !

– un conseil : **Buvez** de l'eau : c'est bon pour la santé !

– une consigne : **Ouvrez** votre livre page 8.

– des instructions : **Prenez** des pommes, **coupez-les** en quatre…

■ Avec l'**impératif**, on invite quelqu'un à faire quelque chose.
On le trouve donc souvent dans les **slogans publicitaires**.

   – **Prenez** le train et simplifiez-vous la vie !

   – Les tulipes de Hollande… **Offrez-en** toute l'année.

CONJUGAISON CONJUGAISON CONJUGAISON C

4. Brad explique à Chloé comment assembler les pièces de son jouet « Kindy ».
Résumez l'explication à l'infinitif et à l'impératif.

Brad : Alors, regarde. Ça, c'est le corps. Tu <u>le prends</u>. Voici les deux bras, tu <u>les prends</u> aussi et tu <u>les mets</u> dans les trous des épaules. Bon, et ça, ce sont les jambes : tu <u>les accroches</u> au corps : tu <u>enfonces</u> les deux parties l'une dans l'autre. Tu vois, c'est facile !

Maintenant, il manque la tête. C'est pareil, tu <u>la rentres</u> dans le cou. Voilà, tu as un beau policier ! Ah, j'oubliais son pistolet : tu <u>l'accroches</u> à sa ceinture par ce crochet.

Chloé : Mais moi, je voulais un pompier, pas un policier !

Le corps	Le prendre	Prenez-le
Les bras (prendre aussi)		
Les bras (mettre dans les trous)		
Les jambes (accrocher au corps)		
Les deux parties (enfoncer l'une dans l'autre)		
La tête (rentrer dans le cou)		
Le pistolet (accrocher à la ceinture)		

5. Utilisez l'impératif affirmatif ou négatif.

Dans la cour de récréation, la petite bande de copains discute.
Imaginez les conseils qu'ils se donnent.

1. Justine : Hier, j'ai trié mes affaires dans ma chambre. J'ai plein de vieux jouets !
Je ne sais pas quoi en faire. Vous avez une idée ?

Sami : **Mets-les** à la cave !

Sarah : Ah non, c'est idiot ! .... à la Croix-Rouge !

2. Laure : Moi, j'ai un gros problème : on a une interrogation de maths ce matin
et j'ai oublié mon cartable chez moi ! Qu'est-ce que je vais faire ?!

Karim : ....

3. Tony : Fatou veut m'emprunter mon lecteur CD mais elle n'est pas soigneuse.
Elle casse tout. À ton avis, je le lui prête ou pas ?

Léo : ....

4. Karim : Antoine a du mal cette année au hand-ball. Il ne se concentre pas.
Si ça continue, on va perdre. Qu'est-ce que je dois faire ?

Brad : ....

BILAN

1. Remplacez les noms soulignés (qui se répètent) par un pronom.

Discussion dans la cour du collège entre Léo et Tony.

1. Léo : Je trouve Karim bizarre, en ce moment. Je trouve même Karim inquiétant.
   Je **le** trouve même inquiétant.

2. Karim ne parle plus. ....

3. Tony : Je crois Karim amoureux. C'est tout. ....

4. Et Julia ? Comment trouves-tu Julia ? ....

5. Léo : Je trouve Julia très jolie. ....

6. Tony : Tu crois que Julia est amoureuse de Karim ? ....

7. Je crois que Julia aime bien Karim. Mais moi, les filles, tu sais, je ne comprends pas toujours bien les filles. ....

2. Complétez le test avec des pronoms COD (me, te, te, la, les…) ou des pronoms COI (me, te, lui, leur…).

Camille veut faire un test de personnalité sur internet. Malheureusement un virus s'est attaqué aux pronoms et les a fait disparaître. Récrivez-les.

1. **Un nouvel élève arrive dans ta classe au milieu de l'année :**
   a. Tu .... salues mais tu ne .... parles pas tout de suite. ☐
   b. Tu .... souhaites la bienvenue et tu .... montres le collège. ☐
   c. Tu .... proposes de .... aider et tu .... expliques ce qu'il faut faire. ☐
   d. Tu .... présentes aux professeurs et à tes copains. ☐
   e. Tu ne .... dis rien. Tu attends de voir s'il est sympathique. ☐

2. **S'il est sympathique :**
   a. Tu .... téléphones le soir même et tu .... invites chez toi. ☐
   b. Tu .... demandes où il habite et tu vas .... voir. ☐
   c. Tu .... offres un cadeau de bienvenue. ☐
   d. Tu .... invites à un match de foot. ☐
   e. Tu .... donnes le numéro de téléphone d'une bonne copine. ☐

3. **Une nouvelle élève arrive dans ta classe au milieu de l'année :**
   a. Tu .... souris et tu .... dis de venir s'asseoir à côté de toi. ☐
   b. Tu ne .... regardes pas. Tu as déjà une petite amie. ☐
   c. Tu .... invites à la prochaine fête chez ton meilleur copain. ☐
   d. Tu .... présentes à ton meilleur copain. ☐
   e. Tu .... écris un poème. ☐

BILAN BILAN BILAN BILAN BILAN BILA

3. Complétez le dialogue par en ou y.

1. Sami : Qu'est-ce qu'on fait ce soir ?
2. Sarah : On pourrait aller au cinéma ?
3. Laure : Oh non, j'............. sors à l'instant. Et on .... est allés hier.
4. Justine : On peut aller au « Sambada » ? On .... donne des cours de salsa. Ça commence à 18 h 30.
5. Iannis : Oui, pourquoi pas ? Il paraît qu'il .... a de l'ambiance. On .... sort en super forme.
6. Sami : Bon ben... qu'est-ce qu'on atttend ? On .... va ?
7. Laure : Vous .... allez sans moi. Je dois finir mon devoir d'allemand et en plus je m' .... vais tôt demain. On va chez ma grand-mère en Normandie. On .... va pour son anniversaire.

4. Mots croisés.

1. On y emprunte des livres.
2. On y dore au soleil.
3. On y offre des cadeaux.
4. On y va pour voir des films.
5. On en trouve au rayon musique.
6. Les Français en mangent le matin.
7. On en sort avec le baccalauréat.
8. On s'en sert pour marcher.

1. BIBLIOTHÈQUE

5. Répondez aux questions. Utilisez un pronom complément dans la réponse. Ajoutez une expression de temps ou de quantité quand c'est possible.

QUESTIONS

1. Est-ce que Sarah téléphone souvent à ses amies ?
2. Et Laure, est-ce qu'elle appelle souvent Sarah ?
3. Est-ce que Brad écrit parfois à ses copains canadiens ?
4. Est-ce que Julia plaît à Karim ?
5. Est-ce qu'il connaît bien Julia ?
6. Est-ce que Marie est encore amoureuse de Martin ?
7. Est-ce que vous vous intéressez à toutes ces histoires ?

RÉPONSES

Bien sûr, elle leur téléphone tous les jours.
Oui, ...
Non, mais ....
....
....
....
....

BILAN

6 a. Lisez la réponse de Sophie au courrier de Marie (page 46).
Quel/quels mot(s) remplace(nt) les pronoms **en** ?
Réécrivez ces phrases en remplaçant le pronom **en** par le nom qu'il remplace.
N'oubliez pas les quantificateurs.

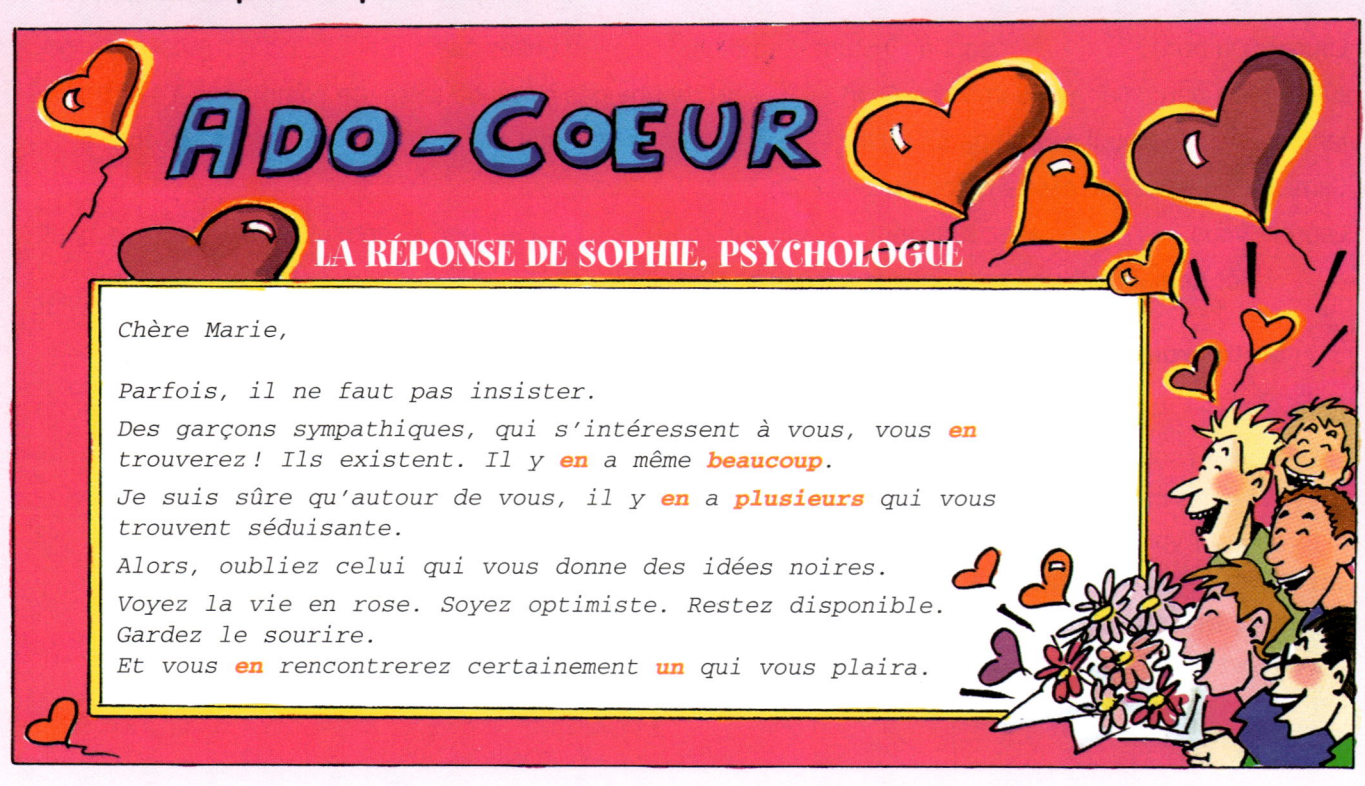

ADO-COEUR

LA RÉPONSE DE SOPHIE, PSYCHOLOGUE

Chère Marie,

Parfois, il ne faut pas insister.
*Des garçons sympathiques, qui s'intéressent à vous, vous **en** trouverez ! Ils existent. Il y **en** a même **beaucoup**.*
*Je suis sûre qu'autour de vous, il y **en** a **plusieurs** qui vous trouvent séduisante.*
Alors, oubliez celui qui vous donne des idées noires.
Voyez la vie en rose. Soyez optimiste. Restez disponible. Gardez le sourire.
*Et vous **en** rencontrerez certainement **un** qui vous plaira.*

1. Vous **en** trouverez !   **en** remplace « des garçons »   Vous trouverez des garçons sympathiques.
2. Il y **en** a même **beaucoup**.
3. Il y **en** a **plusieurs**.
4. Vous **en** rencontrerez **un**.

b. Que remarquez-vous ? À quoi sert le pronom ?

c. Donnez deux autres conseils à Marie. Faites deux phrases en utilisant le pronom **en** et un nombre ou une expression de quantité : **peu**, **trop**, **pas mal**, **énormément**…

BILAN BILAN BILAN BILAN BILAN BILA

7. Léo montre à Brad l'un de ses jeux vidéo, *La Course aux trésors*. Complétez les dialogues avec les verbes entre parenthèses conjugués au temps indiqué. Remplacez les mots répétés par un (ou deux) pronom(s).

Léo : Tu es dans la salle des plans. Tu vois la carte sur la table ?

1. **Prends-la** *(prendre la carte / impératif)*. C'est elle, ton guide.
2. Tu ……………… *(suivre la carte / présent)*. Tu as aussi un sac par terre.
3. Tu ……………… *(attraper le sac / indicatif présent)*.
4. Les petits bibelots sur les étagères, ……………… *(mettre les bibelots / impératif)* dans ton sac. Ils peuvent servir de cadeau. Maintenant, sors de la salle. C'est bien… Attention ! Elle, c'est une sorcière des cavernes.
5. Si elle ……………… *(demander à toi, Bradley / indicatif présent)* un cadeau,
6. ……………… *(donner le cadeau à la sorcière / impératif)*.
7. Ensuite, ……………… *(laisser la sorcière / impératif)* partir.

Brad : Et maintenant ?

8. Léo : Attends, ça fait longtemps que je n'ai plus joué à ce jeu, je ……………… *(ne plus se souvenir de ce jeu / présent)*…
9. Laisse-moi réfléchir… Tu as traversé le tunnel. La sorcière, tu ……………… *(voir la sorcière / passé composé)*.
10. Le bibelot, tu ……………… *(offrir le bibelot à la sorcière / passé composé)*…

Brad : Est-ce que j'entre dans cette pièce à gauche ?

11. Léo : Oui, ……………… *(entrer dans la pièce / impératif)*.
12. Ah non, non, ……………… *(sortir de la pièce / impératif)*. Vite ! Vite ! Ouf, il y a deux géants là.
13. Heureusement, tu ……………… *(éviter les géants / passé composé)*. Va vers la statue à droite. Il y a quelque chose d'écrit à côté : *Le médaillon ouvre le passage*.
14. « ……………… *(placer le médaillon / impératif)* dans ma main et ……………… *(pousser le médaillon / impératif)*. »

Brad : Quel médaillon ?

15. Léo : Tu ……………… *(trouver le médaillon / passé composé)* au début de la partie. Vas-y, tu ……………… *(porter le médaillon à la statue / impératif)*… Super, un passage secret s'ouvre ! Tu es arrivé à la salle du trésor. On a gagné !

Brad : Mais ce n'est pas drôle. Tu m'as tout dit à l'avance !

3 C'est moi qui vous ai appelé…

CARACTÉRISER/QUALIFIER

*Bonjour, je viens chercher les billets **qui** sont réservés au nom de Sarah Marty.*

*Excusez-moi. Je n'ai rien à ce nom. **C'est vous qui avez** téléphoné ?*

*Non, **c'est moi qui** vous **ai appelé**. J'ai peut-être donné mon prénom : Bradley. J'ai demandé un tarif de groupe.*

■ **Qui** et **que** sont des pronoms relatifs.

Ils servent à introduire une phrase qui va **caractériser**, qualifier une personne, un objet, un événement… Ils **remplacent** cette personne ou cette chose. Comme les autres pronoms, ils **servent** aussi **à ne pas répéter** ce mot.

■ **Emploi de qui**

• C'est un pronom relatif « **sujet** ».

→ pronoms sujets, p. 32

Il remplace le mot qui serait normalement le sujet du verbe qui le suit (le verbe de la proposition relative).

• **Comment faire ?**

Je viens chercher **les billets**.

~~Ces billets~~ sont réservés.
Sujet (pluriel) Verbe (pluriel)

= **qui**

= Je viens chercher **les billets qui sont** réservés.

ET DANS VOTRE LANGUE ?

Est-ce que le pronom relatif sujet « qui » est le même selon qu'il remplace une personne ou une chose ?

Les pronoms relatifs — EXERCICES

1. Complétez le texte avec les pronoms relatifs **que** ou **qui**.

Notre-Dame de Paris est une comédie musicale, **qui** a été créée en 1998 à Paris. C'est Luc Plamondon, l'auteur de *Starmania*, ... en a écrit les textes et Richard Cocciante .... a composé la musique. C'est un spectacle .... se joue toujours et que beaucoup de jeunes (et de moins jeunes) ont vu. Certaines chansons sont très connues, notamment *Belle*, ... chante Garou, un chanteur québécois, ... a une très belle voix grave. Mais vous connaissez peut-être cette chanson, ... est traduite en anglais, et .... commence par ces mots :
« Belle…
c'est un mot .... on dirait inventé pour elle… »

2. Nos amis font un jeu culturel. Chacun à leur tour, ils font une devinette. Reformulez les phrases pour éviter les répétitions. Utilisez les pronoms relatifs **qui** ou **que**. Puis répondez-y.

Brad commence :
1. C'est un liquide sucré.
Au printemps, ce liquide coule d'un arbre.
Ce liquide est délicieux sur les crêpes.
Bravo Alex ! À toi !

C'est un liquide sucré **qui** coule d'un arbre au printemps et **qui** est délicieux sur les crêpes.
Réponse : C'est le sirop d'érable.

2. C'est un fromage.
Les Français adorent ce fromage.
Ce fromage ne sent pas toujours bon.
Bravo Julia ! À toi !

Réponse : ....

3. C'est un pain salé.
Ce pain salé a la forme de bras croisés.
Ce pain vient d'Allemagne.
Bravo Leila ! À toi !

Réponse : ....

4. C'est un plat d'Afrique du Nord.
C'est un plat à base de semoule.
Ce plat est servi à la cantine tous les mardis.
Bravo Camille ! À toi !

Réponse : ....

5. Chloé, c'est une tarte italienne.
Cette tarte est mangée partout dans le monde.
Cette tarte est le plat préféré des Tortues Ninja.
Bravo Chloé !

Réponse : ....

3 La fille qu'il aime s'appelle…

*Effectivement ! Dix places, **que** je vous donne tout de suite.*

Et, une place gratuite je crois.

*Exact ! Une place gratuite, **que l'on** vous enverra par la poste.*

Merci beaucoup. Au revoir.

Au revoir et bon spectacle.

■ Emploi de **que**

C'est un pronom relatif « **complément d'objet direct** » (COD).   → pronoms COD, p. 32

Il remplace le mot qui serait normalement le COD du verbe de la proposition relative.

• **Comment faire ?**

Vous avez demandé **dix places**.   Je vous donne ~~ces dix places~~ tout de suite.
               COD   COD

= Vous avez demandé **dix places que** je vous donne tout de suite.

Devant une voyelle, **que** devient **qu'**.   La fille **qu'**il aime s'appelle Julia.

Devant « **on** », on met souvent « **l'** », pour que cela sonne mieux.   La fille **que** l'on aime est toujours belle.

■ RAPPEL : après « C'est… » on utilise le **pronom tonique** : « moi, toi, lui… ».

– Qui a téléphoné pour les billets ?

– **C'est moi**.

Mais on peut aussi caractériser ce pronom et dire :

– **C'est vous qui avez** téléphoné ?

– Oui, **c'est moi qui** vous **ai** appelé.

Dans ce cas, le verbe se met à la même personne que le pronom tonique.

ET DANS VOTRE LANGUE ?

Est-ce que le pronom relatif sujet et le pronom relatif COD sont différents ?

Les pronoms relatifs — EXERCICES

1. Complétez les propositions relatives introduites par *qui* ou *que*.

Je n'aime pas...

1. les filles qui ....
2. les garçons qui ....
3. les profs qui ....
4. les enfants qui ....
5. les amis des parents qui ....

J'aime...

6. les devoirs que ....
7. les livres que ....
8. les films que ....
9. les gâteaux que ....
10. les vêtements que ....

2. Complétez le dialogue. Il manque le verbe ou le pronom tonique.

Bon, on y va. On vérifie qu'on a tout ?

Sarah : **1.** C'est **moi** qui **ai** les billets du spectacle.

2. C'est .... qui as la place gratuite, Julia ?

Julia : **3.** Oui ! Et qui a le plan de Paris ?

Justine : **4.** C'est Brad qui l'........................... (*prendre* / passé composé).

Alex et Léo : **5.** C'est nous qui .... (*avoir* / présent) les tickets de métro pour tout le monde.

6. C'est toi qui .... (*prendre* / futur) les clés de la maison, Sarah ?

Sarah : **7.** D'accord ! Karim et Sami, c'est vous qui .... (*avoir* / présent) les portables, si on se perd ? Mais n'oubliez pas de les éteindre avant d'entrer au théâtre.

Tony : **8.** Et ce sont eux qui .... (*acheter* / passé composé) les bonbons pour l'entr'acte. Ça c'est important !

3. Complétez le dialogue. Il manque le verbe ou le pronom tonique.

Mme Traoré : **1.** Chloé, tu débarrasses la table s'il te plaît.

Chloé : **2.** Ah non, c'est moi qui .... (*débarrasser* / passé composé) hier.

3. Aujourd'hui, c'est lui qui .... (*débarrasser* / présent).

Sami : **4.** Tu exagères. Hier, c'est nous qui .... tout .... (*faire* / passé composé).

Chloé : **5.** Qui nous ?

Sami : **6.** Brad et moi, comme d'habitude. Alors aujourd'hui, c'est toi qui .... (*assurer* / présent).

Mme Traoré : **7.** Ça suffit. C'est vous qui .... (*être* / présent) responsables du planning. Débrouillez-vous !

Brad : **8.** Laissez, madame Traoré. C'est moi qui .... (*débarrasser* / futur proche). Et ce sont eux qui .... (*faire* / futur simple) mon devoir de français.

soixante-sept – 67

3 Québec, où il fait bon parler français.

Je vais vous parler du Canada, d'où je viens et où j'habite… quand je ne suis pas en séjour linguistique, en France, bien sûr ! Au moment où je vous parle, il est 3 heures du matin à Québec et minuit à Vancouver.

VANCOUVER la ville où l'on skie le matin où l'on se baigne l'après-midi.

QUÉBEC la belle province où il fait bon parler français

CARACTÉRISER/QUALIFIER

■ **Où** est un **pronom relatif**, comme **qui** et **que**.   → rôle des pronoms relatifs, p. 64

■ **Emploi de où**

• **Où** est le pronom relatif qui exprime la notion de **lieu**. Il remplace le mot qui indique le lieu de l'action et permet donc de ne pas répéter ce mot.

• **Comment faire ?**

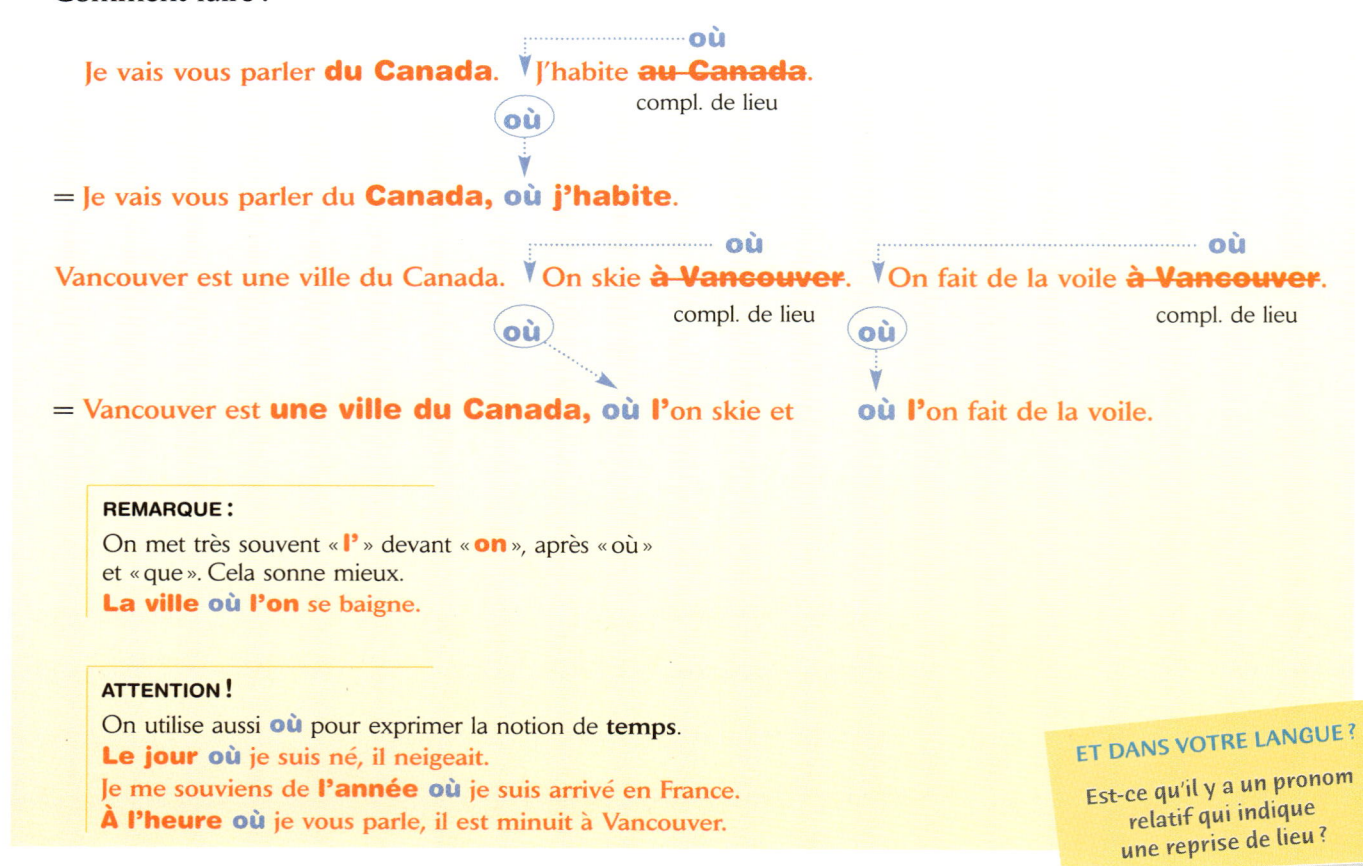

Je vais vous parler **du Canada**. ⟶ J'habite **au Canada**.
                                            compl. de lieu

= Je vais vous parler du **Canada, où j'habite**.

Vancouver est une ville du Canada. ⟶ On skie **à Vancouver**. ⟶ On fait de la voile **à Vancouver**.
                                              compl. de lieu   compl. de lieu

= Vancouver est **une ville du Canada, où** l'on skie et **où** l'on fait de la voile.

> **REMARQUE :**
> On met très souvent « **l'** » devant « **on** », après « où » et « que ». Cela sonne mieux.
> **La ville où l'on** se baigne.

> **ATTENTION !**
> On utilise aussi **où** pour exprimer la notion de **temps**.
> **Le jour où** je suis né, il neigeait.
> Je me souviens de **l'année où** je suis arrivé en France.
> **À l'heure où** je vous parle, il est minuit à Vancouver.

ET DANS VOTRE LANGUE ?
Est-ce qu'il y a un pronom relatif qui indique une reprise de lieu ?

Les pronoms relatifs — EXERCICES

1. Reliez A et B puis dites si vous aimez ou si vous n'aimez pas.

A	B	
1. Les voyages	a. où il n'y a pas beaucoup de texte.	1. **f.** J'aime ☐ Je n'aime pas ☒
2. Les bureaux	b. où l'on danse.	.... J'aime ☐ Je n'aime pas ☐
3. Les BD	c. où l'on ne mange que des légumes.	.... J'aime ☐ Je n'aime pas ☐
4. Les concerts	d. où l'on ne peut pas circuler en voiture.	.... J'aime ☐ Je n'aime pas ☐
5. Les restaurants	e. où il y a beaucoup de monde.	.... J'aime ☐ Je n'aime pas ☐
6. Les soirées	f. **où** tout est organisé.	.... J'aime ☐ Je n'aime pas ☐
7. Les rues	g. où tout est bien rangé.	.... J'aime ☐ Je n'aime pas ☐

2. Complétez le journal de Marie avec les pronoms relatifs qui conviennent. Dites pourquoi vous avez choisi ce pronom (en français, avec des mots simples, ou dans votre langue).

Marie a quitté son petit ami. Elle est triste et écrit dans son journal.
Ses larmes ont effacé les pronoms relatifs.

Le jour .... nous nous sommes rencontrés,
c'était le 5 octobre. Il y a de cela presque deux années…
Cela fait dix jours que nous nous sommes quittés,
sur un banc, ... j'ai pleuré.
Un banc .... nous nous sommes embrassés.
Un banc de Paris, ... je t'ai rencontré.
Il faisait froid.
Le café .... nous nous sommes installés,
.... nous avons parlé,
je l'ai retrouvé.
J'y suis rentrée.
J'ai eu froid.
Le garçon m'a installée
à la place d' .... tu m'as regardée,
.... j'ai espéré
te revoir, longtemps.
Souvent.
Amoureusement.

3. Complétez avec le pronom relatif qui convient : que/qu', qui ou où.

Demain, dès l'aube, à l'heure **où** blanchit la campagne,
Je partirai. Vois-tu, je sais que tu m'attends…

Connaissez-vous ces vers de Victor Hugo, ... a écrit de nombreux poèmes, des pièces de théâtre,
mais aussi des romans, comme *Notre-Dame de Paris* ; un roman .... Luc Plamondon a adapté pour en faire
une comédie musicale .... a toujours beaucoup de succès et d'......... on sort enchanté ?
Ce sont les premiers vers d'un poème .... il a écrit pour sa fille Adèle.

3 La crème dont vous avez besoin...

CARACTÉRISER / QUALIFIER

ADO-BEAUTÉ

Elle est enfin sur le marché...
la crème **qui** te donnera la peau de pêche **dont** tu rêves...
la crème **dont** tu seras satisfaite, ravie, enchantée...
la crème **dont** tu ne pourras plus te passer...
la crème **dont** tu ne parleras pas à tes rivales...

BIO-DONT PLUS
LA CRÈME **DONT** VOUS AVEZ BESOIN

La crème BIO-DONT PLUS agit contre l'acné juvénile.

En vente dans toutes les pharmacies. Au prix de 10 euros seulement.

■ **Dont** est un **pronom relatif**, comme **qui**, **que** et **où**. → rôle des pronoms relatifs, p. 64

■ **Emploi de dont**

• Après les **verbes** suivis de la préposition « **de** » : « *parler de (quelque chose / quelqu'un)* », « *avoir besoin de (quelque chose / quelqu'un)* », etc.
Comment faire ? → liste des verbes, p. 123

                                                     (**dont**)
Bio-dont est **une crème**.   J'ai besoin ~~de cette crème~~.
                              (**dont**)

= Bio-dont est une crème **dont** j'ai besoin.

• Après les **adjectifs** que l'on peut faire suivre de la préposition « **de** » :
« *satisfait de (quelque chose / quelqu'un)* », « *amoureux de (quelqu'un)* », etc.
Comment faire ? → liste des adjectifs, p. 124

                                                (**dont**)
Bio-dont est **une crème**.   Vous serez satisfaits ~~de cette crème~~.
                              (**dont**)

= Bio-dont est une crème **dont** vous serez satisfaits.

• Après les **compléments du nom** qui sont précédés de « **de** » :
Comment faire ?

                                                (**dont**)
Bio-dont est **une crème**.   Le prix ~~de cette crème~~ est peu élevé.
                            (**dont**)

= Bio-dont est une crème **dont** le prix est peu élevé.

ATTENTION !
On utilise aussi **dont** pour remplacer « **entre autres, parmi (ces...)** »
Karim parle cinq langues, **dont** le kabyle et le français.
= Il parle cinq langues : parmi ces langues, il y a le kabyle et le français.
= Il parle cinq langues : le kabyle et le français font partie de celles-ci.

ET DANS VOTRE LANGUE ?
Est-ce qu'il y a « plus » ou « moins » de pronoms relatifs qu'en français ?

Les pronoms relatifs — EXERCICES

1. Finissez la pub des *Galeries Fun*. Utilisez les éléments de la colonne de gauche et le pronom relatif **dont**.

Aux *Galeries Fun*, tu trouveras :

1. Tu rêves d'un pull noir moulant. … le pull noir moulant **dont** tu rêves.
   Tu trouveras ce pull aux *Galeries Fun*.
2. Il a envie d'un jeans 2010.
   Vous trouverez ce jeans aux *Galeries Fun*.
3. Elle ne peut pas se passer du dernier parfum de KC2.
4. Ton frère se servira tous les jours d'une brosse à dents à pile.
5. Ton meilleur copain a absolument besoin du lecteur de mini-disques Synoha.
6. Tout le monde parle des nouvelles baskets Mapu.

2. Inventez le début de la phrase.

1. J'ai vu un spectacle… **dont** j'ai été ravie.
2. …… dont je suis très fier(-ère).
3. …… dont j'ai envie.
4. …… dont j'ai peur.
5. …… dont le professeur de français se plaint souvent.
6. …… dont on n'est jamais certain.
7. …… dont mes copains sont fous.
8. …… dont on se fatigue vite.
9. …… dont il ne faut pas trop parler.

3. Après le spectacle *Notre-Dame de Paris*, nos amis vont prendre un verre et manger un bout avant de rentrer. Réécrivez la commande en ajoutant **dont** quand c'est possible. Quand c'est impossible, écrivez « impossible ». Écrivez aussi les chiffres en toutes lettres : une très bonne révision.

Ils ont commandé :

1. 5 cocas (2 avec une rondelle de citron) cinq cocas **dont** deux avec une rondelle de citron.
   (5 avec glaçons) **impossible**
2. 3 eaux minérales (1 pétillante)
3. 4 glaces (2 sans crème chantilly)
   (4 avec une boule de vanille)
4. 3 chocolats chauds (3 avec crème chantilly)
5. 3 salades de fruits (1 sans bananes)
   (1 sans ananas)
6. 2 crêpes au sucre (2 avec du sucre)
7. 2 gâteaux au chocolat (1 avec de la crème anglaise)

Pauvre serveuse !

3 Je préfère celle-ci...

CARACTÉRISER / QUALIFIER

Speech bubbles in illustration:
- Oh, regarde **ce** déguisement en forme de cœur. Kitsch à ravir !
- Je préfère **cette** robe-ci. C'est **celle** d'Héloïse. Héloïse et Abélard, les amants éternels...
- ... mais malheureux. Moi, j'ai un faible pour **celle-là** : celle **que** Cléopâtre portait quand... Ce qu'ils peuvent inventer !

Sign: ROBE QUE CLÉOPÂTRE PORTAIT QUAND ELLE EST ARRIVÉE À ROME

■ **Rappel** : *ce, cette, cet, ces*

Pour attirer l'attention de l'autre sur une personne, un objet, un événement ou pour reprendre un nom, déjà mentionné dans le texte, on utilise un démonstratif.
Ce démonstratif s'accorde avec le nom qui suit.

Ce costume (masculin / singulier)
Cette robe (féminin / singulier)
Ces déguisements (masculin / pluriel)
Ces chaussures (féminin / pluriel)

• Parfois, pour insister davantage, on ajoute « **-ci** » ou « **-là** » après le nom de la personne ou de l'objet que l'on indique. On ne fait plus beaucoup de différence entre « **-ci** » et « **-là** ».

ATTENTION !
Ne pas oublier le « tiret » après le nom.

Ce costume-**ci** (masculin / singulier)
Cette robe-**là** (féminin / singulier)
Ces déguisements-**là** (masculin / pluriel)
Ces chaussures-**ci** (féminin / pluriel)

■ Pour ne pas répéter un démonstratif et un nom, on utilise un pronom : le **pronom démonstratif**.

ATTENTION !
Quand on les oppose, **celui-ci / celle-ci** indique ce qui est le plus proche et **celui-là / celle-là** ce qui est le plus éloigné.

Celui-ci (« ce » pronom démonstratif) s'accorde aussi avec le nom qui suit :

J'ai choisi **ce** costume-**ci** (masculin / singulier). Et moi, **celui-là** (= ce costume-là).

Ces déguisements-**là** (masculin / pluriel) sont superbes. Mais je préfère **ceux-ci** (= ces déguisements-ci).

J'aime **cette** robe-**ci** (féminin / singulier). Moi, je préfère **celle-là** (= cette robe-là).

Je prends **ces** chaussures-**ci** (féminin / pluriel). Tu prends **celles-là** (= ces chaussures-là) ?

ET DANS VOTRE LANGUE ?
Est-ce qu'on fait encore la différence entre « -ci » et « -là » ?

Les pronoms démonstratifs — EXERCICES

1. Reliez les phrases de la colonne A à celles de la colonne B pour reconstituer le dialogue.

Leila et Justine feuillettent un magazine de vente par correspondance.

A – Justine
1. Je cherche un pantalon noir un peu large.
2. Non, je n'aime pas la coupe. Oh, tu as vu cette jupe ? Qu'est-ce qu'elle est moche !
3. Et ces chaussures ! Elles sont vraiment bizarres !
4. Oh là là ! Mais cette veste par contre fait super chic !
5. Oh, il y a même des bracelets !
6. Ils ne te plaisent pas ?

B – Leila
a. Bof ! Ils sont ringards ! Prends plutôt ceux-là.
b. Tiens, regarde, celui-là il n'est pas mal.
c. Oh, pas comme celle-là ! Je me demande comment on peut mettre une chose pareille !
d. Oui. Et celles-ci aussi ont vraiment une forme originale !
e. Je croyais que tu cherchais un pantalon !
f. Ouais ? Mais moi, je préfère celle-ci, elle fait plus jeune.

1. **b.** – 2. .... – 3. .... – 4. .... – 5. .... – 6. ....

2. Reliez A et B.

A
1. Tu aimes ce costume-ci ?
2. Tu prends cette robe ?
3. Tu achètes cette perruque-ci ?
4. Et toi, tu achètes ces lunettes-là ?
5. Tu prends ces bottes ?
6. On achète ces ballons en forme de cœur ? Ce que tu peux être contrariant quand même !

B
a. Non, je préfère celles-là.
b. Non, je préfère ceux-là.
c. **Non, je préfère celui-là.**
d. Non, je préfère celles-ci.
e. Non, je préfère celle-là.
f. Non, je préfère celle-ci.

3. La scène se passe dans le magasin de location de déguisements. Dites de quoi ils parlent. Soulignez les pronoms démonstratifs et imaginez ce qu'ils remplacent.

À mon avis, ils parlent :

1. Alors, lequel choisissez-vous, **celui-ci** avec des fleurs ou **celui-là** avec des plumes ?

   d'un chapeau.

2. Moi, celles-ci me plaisent, mais les talons sont un peu hauts.

   ....

3. Je ne sais pas laquelle choisir. Celle à volants, pour ressembler à Carmen ou celle à écailles pour ressembler à la petite sirène.

   ....

4. – À votre avis, je prends ceux-ci ou ceux-là ?
   – Ceux-ci font plus « mousquetaire », mais ils sont trop grands. Tu ne pourras pas tenir ton épée.

   ....

5. – Bon et celui-là ? Qu'en penses-tu ?
   – Tu rigoles. Je vais étouffer. Il n'y a même pas de trous pour les narines.

   ....

6. Bon, ben moi, celui-ci il ne me plaît pas. Je vais voir l'autre, en face. Ils ont plus de choix et ils sont moins chers.

   ....

3 Je préfère celle à pois...

CARACTÉRISER / QUALIFIER

■ On utilise aussi le pronom démonstratif (**celui**, **celle**, **ceux**, **celles**), quand on veut **donner une précision**, dans une deuxième phrase, **sans répéter le nom**.

• Le pronom démonstratif peut alors être suivi d'un complément d'appartenance (**de quelqu'un**). Dans ce cas, on laisse tomber « **-ci** » ou « **-là** ».

— J'aime cette robe. — C'est ton déguisement ?
— C'est ~~la robe~~ d'Héloïse. — Non, c'est ~~le déguisement~~ de Julia.

   celle d'Héloïse.   **celui** de Julia.

• Le pronom démonstratif peut aussi être suivi d'un complément, introduit par **à**, **de** ou **en**, qui caractérise ce nom.

— Tu as acheté **le chapeau** rose pour la fête ?
— Non, j'ai pris **celui** (= le chapeau) **à petits cœurs**.
— Tu mettras **ta robe** en laine ?
— Je mettrai **celle** (= la robe) **en soie**. C'est plus joli.

• Le pronom démonstratif peut enfin être suivi d'un pronom relatif **qui**, **que / qu'**, **dont**, **où**.

— J'ai un faible pour cette robe.
— C'est celle **que** Cléopâtre portait.
         (la robe)

— Ils sont marrants ces chapeaux.
— Ce sont **ceux qui** sont en promo.
         (les chapeaux)

■ On utilise aussi le pronom démonstratif **ce** devant **qui**, **que**, **dont** pour **annoncer ou reprendre quelque chose**. « Ce » remplace alors « la chose... qui / que / dont ».

Ce que j'aime par-dessus tout : c'est dormir.

= **La chose** que j'aime...

Ce dont j'ai peur ? C'est de ne pas me réveiller...

= **La chose** dont j'ai peur...

	Masculin		Féminin	
Singulier	ce / cet	celui-ci / -là celui... de	cette	celle-ci / -là celle... qui
Pluriel	ces	ceux-ci / -là ceux... à	ces	celles-ci / -là celles... que

Les pronoms démonstratifs — EXERCICES

1. Remplacez les mots soulignés par celui, celle, ceux, celles.

Julia est de retour chez elle et elle raconte à Laure ce qu'elle a vu.

1. Julia : On est allé dans un magasin de déguisements, rue Lafayette. Il y avait plein de costumes historiques : *(les costumes)* **ceux** de grands hommes politiques, de personnages de roman…
2. Laure : *(Les tenues)* .... de qui par exemple ?
3. Julia : Il y avait la toge de César et *(la toge)* .... de Socrate, le chapeau de Charlot et *(le chapeau)* .... de Napoléon…
4. Laure : Est-ce qu'il y avait des costumes de vedettes de cinéma ?
5. Julia : Oui ! *(Le costume)* .... de Kevin Costner dans *Robin des bois*, *(le costume)* .... de la princesse Leia dans *La Guerre des étoiles* et même des masques de *La Planète des singes* !
6. Laure : *(Les masques)* .... du colonel Thade et d'Ari ?
7. Julia : Oui ! Sami a voulu prendre *(le masque)* .... du colonel. Mais pour la Saint-Valentin, il a préféré prendre *(le masque)* .... de Tristan. Moi, j'ai choisi la robe de Juliette, *(la robe)* .... de la scène du balcon et Sarah a pris *(la robe)* .... d'Héloïse.

Laure : Et qui est ton Roméo ?

2. Ça y est ! La Saint-Valentin est arrivée.
Sarah, Julia, Laure et Leila se préparent ensemble.
Complétez avec le démonstratif qui convient.
Attention, parfois il faudra ajouter un pronom relatif (qui, que, dont) ou une préposition.

1. Julia : Alors, Leila, quelle robe as-tu prise pour finir ?
2. Leila : **Celle de** Cléôpatre.
3. Sarah : Ah bon ? Tu te moquais de .... ils racontaient sur l'affichette !
4. Leila : C'est vrai. Je sais bien que ce n'est pas .... robe .... qu'elle a portée quand elle est entrée dans Rome. C'est ridicule ! Mais je la préférais à .... Blanche-Neige. Et toi, Laure, qu'est-ce que tu mets ?
5. Laure : J'hésite encore entre .... robe .... et .... costume que ma tante m'a offert pour mon anniversaire.
6. Sarah : Il fait oriental…
7. Laure : Bien sûr, c'est la robe de Shéhérazade, ... des *Contes des mille et une nuits*. Et ...., c'est .... ma mère portait pour ses sorties quand elle était jeune.
8. Julia : Elle est très belle, mais j'aime mieux .... Elle est plus originale.
9. Leila : Oui. Elle n'est pas comme toutes .... robes de bal costumé, ... on rêve quand on est petite.
10. Laure : Bon alors, je mettrai .... de Shéhérazade. J'espère qu'il n'y aura pas de sultan pour me tuer ! Et toi, Karim ? Tu as trouvé ce .... t'ira ?
11. Karim : Oui, ... costume-............ ! C'est .... de Roméo. Et Julia sera ma Juliette !

CARACTÉRISER / QUALIFIER

3 Quel ado es-tu ?

ADO-TEST

QUEL ADO ES-TU ?

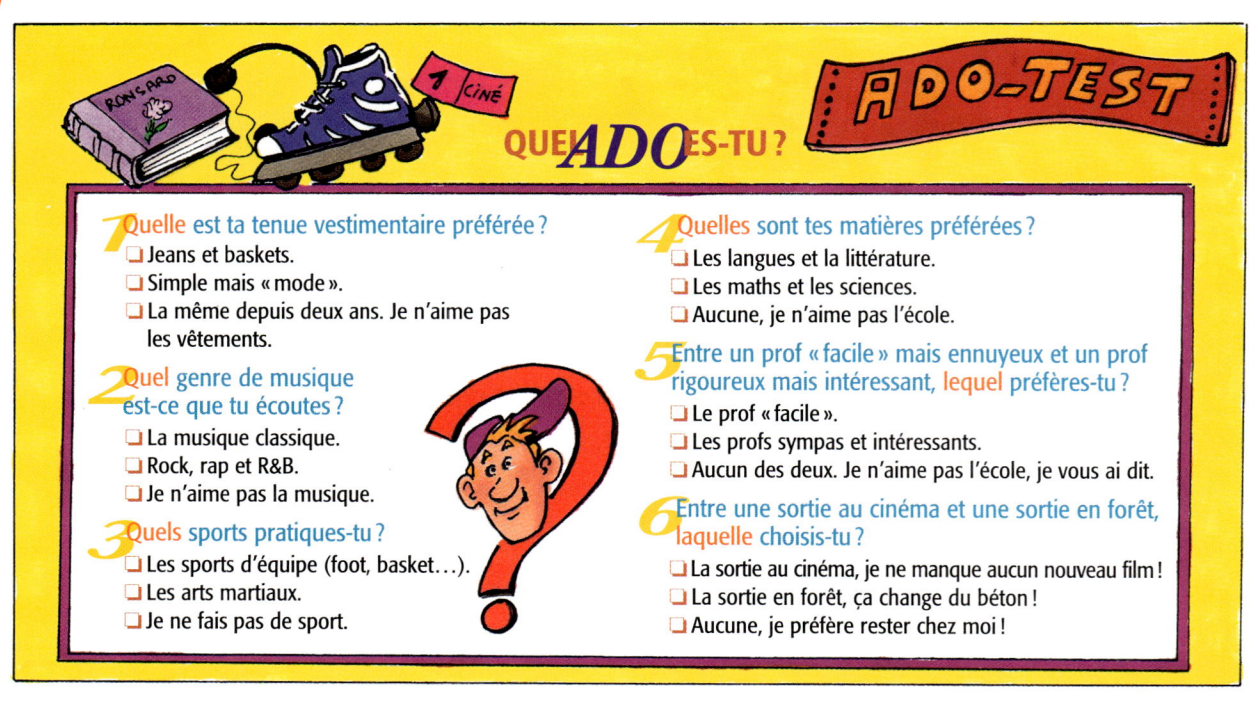

1 Quelle est ta tenue vestimentaire préférée ?
- ❏ Jeans et baskets.
- ❏ Simple mais « mode ».
- ❏ La même depuis deux ans. Je n'aime pas les vêtements.

2 Quel genre de musique est-ce que tu écoutes ?
- ❏ La musique classique.
- ❏ Rock, rap et R&B.
- ❏ Je n'aime pas la musique.

3 Quels sports pratiques-tu ?
- ❏ Les sports d'équipe (foot, basket…).
- ❏ Les arts martiaux.
- ❏ Je ne fais pas de sport.

4 Quelles sont tes matières préférées ?
- ❏ Les langues et la littérature.
- ❏ Les maths et les sciences.
- ❏ Aucune, je n'aime pas l'école.

5 Entre un prof « facile » mais ennuyeux et un prof rigoureux mais intéressant, lequel préfères-tu ?
- ❏ Le prof « facile ».
- ❏ Les profs sympas et intéressants.
- ❏ Aucun des deux. Je n'aime pas l'école, je vous ai dit.

6 Entre une sortie au cinéma et une sortie en forêt, laquelle choisis-tu ?
- ❏ La sortie au cinéma, je ne manque aucun nouveau film !
- ❏ La sortie en forêt, ça change du béton !
- ❏ Aucune, je préfère rester chez moi !

■ Pour demander une information, une **précision sur un nom**, on utilise « **quel** ».

« **Quel** » fonctionne comme un adjectif et **s'accorde** donc en genre (masculin, féminin) et en nombre (singulier, pluriel) **avec ce nom**.

- **Quel** est ton sport préféré ?   ou   **Quel** sport préferes-tu ?

Quel : masculin / singulier : accord avec (le) sport : masculin / singulier

- **Quelle** est ta musique préférée ?   ou   **Quelle** musique préferes-tu ?

Quelle : féminin / singulier : accord avec (la) musique : féminin / singulier

- **Quels** sont tes instruments de musique préférés ?   ou   **Quels** instruments préferes-tu ?

Quels : masculin / pluriel : accord avec (les) instruments : masculin / pluriel

- **Quelles** sont tes matières préférées ?   ou   **Quelles** matières préferes-tu ?

Quelles : féminin / pluriel : accord avec (les) matières : féminin / pluriel

> **ET DANS VOTRE LANGUE ?**
> Est-ce que le pronom interrogatif varie en fonction du mot qu'il remplace ?

■ Pour demander une précision sur ce nom, sans le répéter, on utilise le pronom interrogatif correspondant « **lequel** ». « **Lequel** » **s'accorde** aussi avec le nom (précédé de « quel ») qu'il remplace.

Entre ces deux profs, ~~quel prof~~ préferes-tu ?   Pour éviter de répéter « prof », on dit : **lequel**.
Lequel   (quel prof = masculin / singulier)

De toutes les matières, ~~quelle matière~~ préferes-tu ?   Pour éviter de répéter « matière », on dit :
Laquelle   **laquelle**. (quelle matière = féminin / singulier)

Tu me prêtes tes gants ? ~~Quels gants~~ ? Les rouges ou les noirs ?   Pour éviter de répéter « gants », on
Lesquels   dit : **lesquels**. (quels gants = masculin / pluriel)

Tu as vu les deux filles ? ~~Quelles filles~~ ?   Pour éviter de répéter « filles », on dit :
Lesquelles   **lesquelles**. (quelles filles = féminin / pluriel)

Les pronoms interrogatifs — EXERCICES

1. Camille et Julia rejoignent les garçons en train de lire. Complétez par quel, quelle, quels, quelles.

1. Leila : Salut les garçons ! **Quel** magazine est-ce que vous lisez ?
2. Tony : Ados Plus. On fait un test.
3. Julia : Et .... sont les choses dont ils parlent ? Ça a l'air intéressant.
4. Iannis : Oui ! C'est un test pour savoir .... genre d'ado on est.
5. Laure : Ah ! Et .... sont vos résultats, alors ?
6. Antoine : Iannis est un ado rebelle et moi je suis un ado dynamique.
7. Julia : Et toi, Karim ?
8. Iannis : .... question ? C'est un ado amoureux, voyons !

2. Cochez la bonne case.

1. Sarah : Ah, j'ai vu un bon film hier soir à la télévision.
   Brad : ☒ **Lequel ?** ☐ Laquelle ? ☐ Lesquels ? ☐ Lesquelles ?
2. Sarah : *Cyrano de Bergerac* avec Gérard Depardieu. C'est l'adaptation d'une pièce de théâtre.
   Brad : ☐ Lequel ? ☐ Laquelle ? ☐ Lesquels ? ☐ Lesquelles ?
3. Sarah : Celle du même nom, *Cyrano de Bergerac*, d'Edmond Rostand. Le livre est très bien aussi.
   Brad : Et entre le film et le livre, ☐ lequel ? ☐ laquelle ? ☐ lesquels ? ☐ lesquelles ? as-tu préféré ?
4. Sarah : Le livre je crois. On peut mieux lire et relire les fameuses tirades !
   Brad : ☐ Lequel ? ☐ Laquelle ? ☐ Lesquels ? ☐ Lesquelles ?
5. Sarah : Celle du « nez », bien sûr, mais aussi celle du balcon où Cyrano parle enfin librement.
   Brad : Moi, j'ai regardé un reportage sur le Canada. Avec ma famille […]
   Sarah : ☐ Lequel ? ☐ Laquelle ? ☐ Lesquels ? ☐ Lesquelles ?
   Brad : […] française. Laisse-moi terminer Sarah !

3. Complétez les questions. Utilisez quel / quelles… ou lequel / laquelle.

1. Justine : Alors, Laure, **quelle** robe as-tu choisie ?
2. Laure : Celle de Shéhérazade. J'ai suivi les conseils de Leila. Et toi, ... ?
3. Justine : Celle d'Iseult.
4. Laure : Tu sais qu'il y a un garçon habillé en Tristan…
5. Justine : Ah bon ! .... est-ce ? C'est Iannis ?
6. Laure : Non, c'est Antoine !
7. Justine : .... ? Il y en a deux au collège.
8. Leila : Le frère de Nicolas. Mais dis-moi, tu as apporté quelque chose pour le buffet ?
9. Justine : Oui, deux tartes. Une aux pommes et une au citron !
10. Laure : .... préfères-tu ?
11. Leila : Celle aux pommes. Et toi, ... dessert as-tu préparé ?
12. Laure : Un gâteau au chocolat. Oh ! Tu as vu les deux invités qui viennent d'entrer ?
13. Justine : .... ?
14. Laure : Là-bas ! Ils ont le même costume.
15. Justine : .... idée ! Allons voir de plus près !

3 C'est la tienne...

Ah ! Voilà mon chapeau ! Et voilà le tien, Julia.

Juliette n'avait pas de chapeau. Je crois que c'est le voile de Shéhérazade.

Oui, c'est le sien. Et cette ceinture, on dirait la tienne, Sarah, celle qui va avec ta robe.

Et ces gants, à qui sont-ils ?

Vous n'avez pas vu mes gants ?

Les tiens contre les miens. Merci.

■ Pour indiquer l'appartenance, on peut utiliser un « **possessif** ».

C'est **mon** chapeau. = Ce chapeau est **à moi**. = Ce chapeau **m'appartient**.

Pour ne pas répéter un possessif et un nom, on utilise un pronom : le **pronom possessif**.

Ce pronom possessif prend le genre (masculin / féminin) et le nombre (singulier / pluriel) du nom qu'il remplace.

Voilà mon chapeau.
Où est ~~ton chapeau~~ ?
masculin / singulier
= Où est **le tien** ?

Ce n'est pas ma ceinture.
Si, c'est ~~ta ceinture~~.
féminin / singulier
= Si, c'est **la tienne**.

Comment vont tes cousins ?
Bien ! Et comment vont ~~tes cousins~~ ?
masculin / pluriel
les tiens

Comment vont tes cousines ?
Bien ! Et comment vont ~~tes cousines~~ ?
féminin / pluriel
les tiennes

	singulier			pluriel			
masculin		féminin		masculin		féminin	
mon	le mien	ma	la mie**nne**	mes	les mien**s**	mes	les mie**nnes**
ton	le tien	ta	la tien**ne**	tes	les tien**s**	tes	les tien**nes**
son	le sien	sa	la sien**ne**	ses	les sien**s**	ses	les sien**nes**
notre	le nôtre	notre	la nôtre	nos	les nôtre**s**	nos	les nôtre**s**
votre	le vôtre	votre	la vôtre	vos	les vôtre**s**	vos	les vôtre**s**
leur	le leur	leur	la leur	leurs	les leur**s**	leurs	les leur**s**

ET DANS VOTRE LANGUE ?

Est-ce que le pronom possessif varie en genre et en nombre ?

Les pronoms possessifs — EXERCICES

1. Un peu d'ordre. Dites à qui appartiennent ces vêtements.

1. Sarah : Alors, les manteaux... c'est bon, j'ai **le mien**. C'est le manteau de Sarah.
   Et cette écharpe, c'est **la tienne**, Julia ? ....
   Alex m'a demandé de lui prendre son bonnet...
2. Leila : Tiens, celui-là, c'est **le sien**... ....
3. Sarah : Et ces gants, tu crois que ce sont ceux des jumeaux ?
4. Leila : C'est clair ! Ce sont **les leurs**. ....
5. Alex : Et ce sac, c'est **le mien** ! ....
6. Léo : Tu veux dire **le nôtre**. ....
7. Sarah : Et ce paquet de gâteaux, c'est **le vôtre** aussi ? ....

2. Retrouvez de quels objets parle Iannis. Reliez A et B.

A
1. Hier, j'ai perdu **la mienne**.
2. En fait, comme tous les élèves avaient entassé les leurs,
3. C'était très difficile de retrouver les nôtres.
4. Heureusement, en fouillant bien, j'ai retrouvé la tienne tout en dessous.
5. Mais les jumeaux ont perdu le leur.
6. Laure ne trouve plus le sien.
7. Et vous, vous avez récupéré les vôtres ?

B
a. nos robes
b. leurs affaires
c. son manteau
d. **mon écharpe**
e. vos baskets
f. ta ceinture
g. leur sac

(1 → d)

3. Complétez avec un pronom possessif.

1. Chloé : Maman, Sami m'a pris ma part de gâteau !
   Mme Traoré : Mais non, elle est encore dans ton assiette.
2. Chloé : Non, c'est **la sienne**. Il l'a échangée avec .... pour en avoir une plus grosse.
3. Sami : Tu racontes encore n'importe quoi ! Regarde mon morceau, il est plus petit que ....
4. Chloé : Mais les fleurs en sucre que tu as étaient sur ma part !
   Brad : Tiens, voilà une .... ! Une jolie fleur blanche.
5. Chloé : Mais .... étaient rouges.

4. Pour essayer de vaincre son chagrin d'amour, Marie écrit à nouveau dans son journal (suite). Complétez avec des pronoms possessifs et dites ce qu'ils remplacent.

1. Je lui ai dévoilé mes sentiments, il ne m'a pas dévoilé **les siens** (= ses sentiments).
2. Je lui ai ouvert mon cœur. Il m'a fermé .... (= ....)
3. Je voulais son bonheur. Il a ruiné .... (= ....)
4. Il a pourtant vu mes larmes. Je n'ai pas aperçu .... (= ....)
5. Je vois encore son sourire. Il ne verra plus .... (= ....)
6. Ma façon de penser était-elle trop différente de .... ? (= ....)
7. Mon amour pour lui était-il trop différent .... ? (= ....)
8. Mon cœur pleure encore. Mais que fait .... ? (= ....)
9. Un autre arrivera-t-il à conquérir .... ? (= ....)

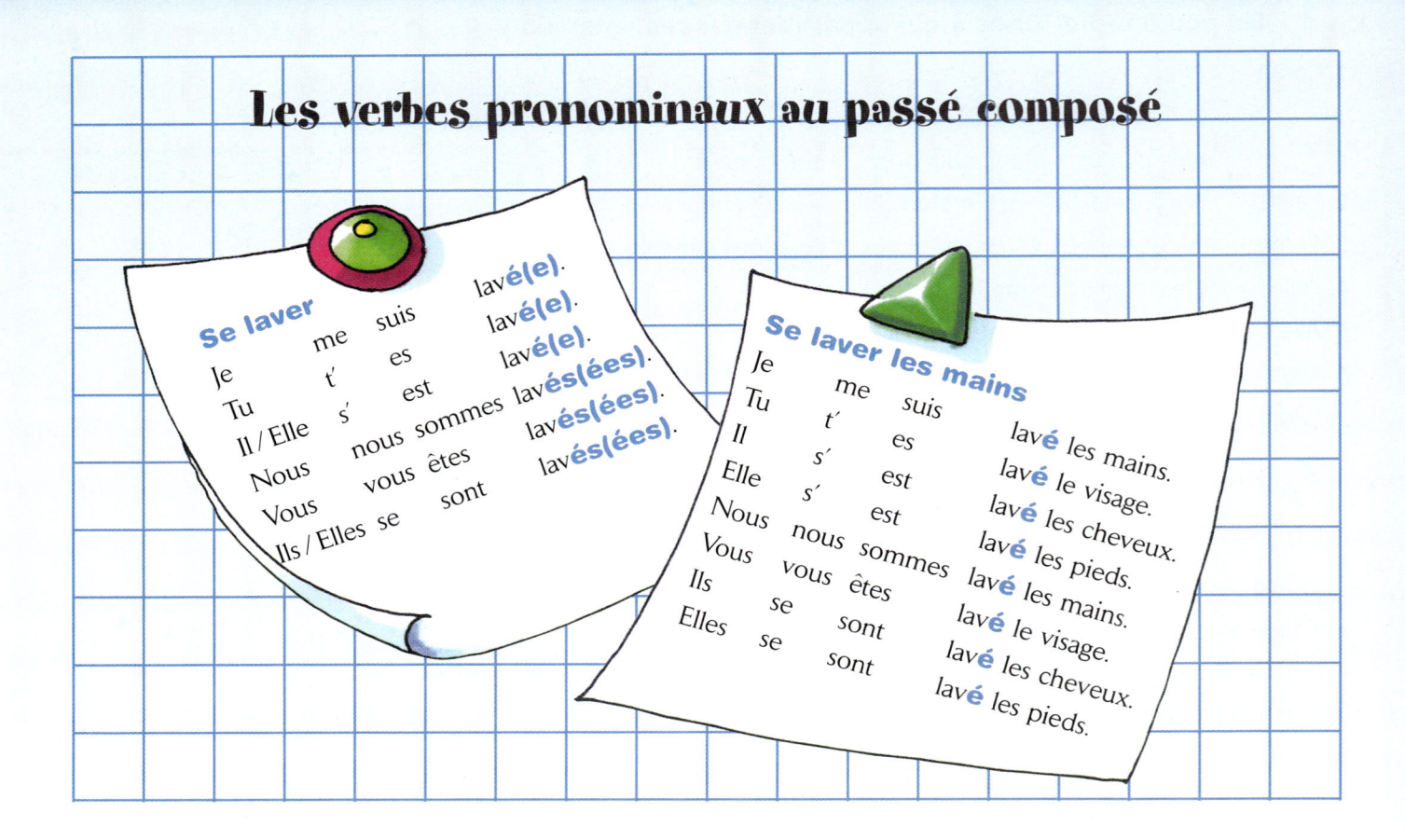

Les verbes pronominaux au passé composé

Se laver
Je me suis lavé(e).
Tu t' es lavé(e).
Il / Elle s' est lavé(e).
Nous nous sommes lavés(ées).
Vous vous êtes lavés(ées).
Ils / Elles se sont lavés(ées).

Se laver les mains
Je me suis lavé les mains.
Tu t' es lavé le visage.
Il s' est lavé les cheveux.
Elle s' est lavé les pieds.
Nous nous sommes lavé les mains.
Vous vous êtes lavé le visage.
Ils se sont lavé les cheveux.
Elles se sont lavé les pieds.

Certains verbes sont **pronominaux** : l'infinitif est précédé de **se**.

Au **passé composé**, ils se conjuguent avec l'auxiliaire **être**.

Certains verbes pronominaux sont **réfléchis**. (On se fait quelque chose à soi-même.)
je = me = la même personne ; **tu = te** = la même personne ; **il / elle = se** = la même personne.

- Si le verbe pronominal est **seul** (s'il n'a pas de complément),
le participe passé s'accorde avec le sujet. → accord du participe passé avec « être », p. 38

sujet masc. sing.   masc. sing.
Je me suis lav**é**.   (**Je** = Brad = **masculin singulier**) → lav**é**

sujet fém. plur.   fém. plur.
Elles se sont lav**ées**.   (**Elles** = Sarah et Marie = **féminin pluriel**) → lav**ées**

- Si le verbe pronominal est **suivi d'un COD** (complément d'objet direct),
le participe passé ne s'accorde pas.   → accord du participe passé avec « avoir » suivi d'un COD, p. 38

              COD
Je me suis lav**é** les mains.   (le COD suit le verbe → pas d'accord)

              COD
Elles se sont lav**é** les pieds.   (le COD suit le verbe → pas d'accord)

CONJUGAISON CONJUGAISON CONJUGAISON

1. Conjuguez le verbe au passé composé selon le modèle.

Se réveiller	Se lever	Se laver
Je me suis réveillé(e) Nous nous sommes réveillé(e)s	....	....

Se brosser les dents	Se laver les cheveux	Se regarder dans la glace
Tu .... Vous	....	....

Se dépêcher	Se cogner	Se tordre la cheville
Il .... Elles	....	....

Se mordre la langue	S'énerver	Se recoucher
Elle .... Ils	....	....

Ne pas se réveiller	Ne pas se lever	Ne pas se laver
Tu ne t'es pas réveillé(e) Nous ne nous sommes pas réveillé(e)s	....	....

Ne pas se brosser les dents	Ne pas se laver les cheveux	Ne pas se regarder dans la glace
Il .... Elles	....	....

Ne pas se dépêcher	Ne pas se cogner	Ne pas se faire mal
Vous	....	....

1. Complétez avec un pronom relatif qui, que / qu', dont ou où.

À la sortie du spectacle, un journaliste interviewe quelques spectateurs au hasard, **dont** Justine.

1. **Le journaliste :** Bonsoir, vous avez aimé le spectacle ?
2. **Justine :** Énormément ! C'est un spectacle .... m'a énormément plu.
3. **Le journaliste :** Quelle est la chanson que vous avez préférée ?
4. **Justine :** « Belle » bien sûr, ... je connais toutes les paroles. Nous avons eu la chance de l'entendre interprétée par Garou, ... j'adore la voix grave et profonde, par Daniel Lavoie, ... j'avais déjà beaucoup aimé dans l'opéra rock « Starmania », ... je connais presque toutes les chansons, et par Patrick Fiori, ... je connais moins bien mais .... n'est pas mal non plus.
5. **Le journaliste :** Que pensez-vous de la chorégraphie ?
6. **Justine :** J'ai beaucoup aimé la scène .... Quasimodo est sacré « Pape des fous ». J'ai aussi aimé le moment .... les sans-papiers montent à l'assaut de Notre-Dame.

2. Complétez avec celui, celle, ceux ou celles suivis de qui, que ou dont.

1. **Brad :** Sami, tu te souviens de mon ami Tom, **celui dont** je t'avais parlé par mél ?
2. **Sami :** .... est allé à La Plagne ? .... tu m'as montré en photo ? Oui, pourquoi ?
3. **Brad :** Il m'a demandé de lui rapporter des produits traditionnels de là-bas et une photo de la piste noire…
4. **Sami :** .... il a descendue à toute vitesse ?
5. **Brad :** Oui, il veut la montrer à ses parents. Et il veut aussi la recette de ce plat typique, tu sais .... tu m'as montré la photo ?
6. **Sami :** La fondue ? Bien sûr ! Mais pour les souvenirs, ... vendent les magasins à touristes ne sont pas très intéressants. Il faut aller chez des artisans. Tu pourras lui rapporter une veste chaude. .... sont en pure laine sont magnifiques. C'est un beau cadeau !
7. **Brad :** Très bien : il fait froid au Canada !

3. Complétez avec ce qui, ce que, ce dont.

1. **Karim :** Je m'ennuie…
2. **Sami :** Qu'est-ce que tu veux faire ? Est-ce que ça te plaît d'être ici ?
3. **Karim :** Je ne sais pas .... je veux faire, je ne sais pas .... me plaît ! Je crois que je suis malade…
4. **Sami :** Tu sais .... je crois, Karim ? Tu n'es pas malade du tout mais tout .... t'intéresse en ce moment, c'est Julia. Je sais .... tu as besoin : te changer les idées. Tu te souviens de .... je t'ai parlé la semaine dernière, la nouvelle fête foraine à côté du parc ?
5. **Karim :** Ce que je préfère, c'est aller au cinéma de la place…
6. **Sami :** Et essayer de passer devant chez Julia ! Tu es incorrigible !

BILAN BILAN BILAN BILAN BILAN BILA

4. À vous maintenant ! Complétez avec **qui**, **que**, **dont** et terminez les phrases.

1. Ce .... je préfère faire, c'est **bavarder avec mes amis**.

   .... c'est ....
2. Ce .... j'ai peur dans la vie, c'est ....
3. Ce .... m'intéresse à l'école, c'est ....
4. Ce .... je vais voir au cinéma, c'est / ce sont ....
5. Ce .... me plaît le week-end, c'est ....

5. « Quizz ». Jouez à deux. Complétez les questions par le pronom relatif qui convient.

ADO-QUIZZ

QUESTIONS SUR « PARIS, LA FRANCE ET LES FRANÇAIS »

1. Quel est le fleuve **qui** traverse Paris ?
2. Quelle est la tour .... un ingénieur français a fait construire pour l'Exposition universelle de 1889, une tour .... symbolise Paris, partout dans le monde ?
3. Quel est le musée .... la Joconde abrite ?
4. Quelle est la chaîne de montagnes .... sépare la France de l'Espagne ?
5. Quelle est la devise .... la France a choisie après la Révolution ?
6. Quel est le fromage .... les Français ont toujours envie à l'étranger ?
7. Quel est le footballeur français .... est né à Marseille et .... tout le monde adore ?

6. À votre tour, posez quatre questions, chacune avec un pronom relatif différent, sur votre pays ou un autre pays francophone. Échangez vos livres. Votre voisin répondra à vos questions.

1. Question avec « **qui** ». ....

   Réponse : ....
2. Question avec « **que / qu'** ». ....

   Réponse : ....
3. Question avec « **dont** ». ....

   Réponse : ....
4. Question avec « **où** ». ....

   Réponse : ....

quatre-vingt-trois – 83

7. Quand Brad est arrivé au collège, il s'est inscrit au service de la scolarité du collège. Complétez les questions que la secrétaire a posées en utilisant **quel**, **quelle**, **quels**, **quelles**. Faites une phrase complète.

1. Nom — **Quel** est votre nom ?
2. Prénom — .... ?
3. Date de naissance — .... ?
4. Classe — Dans .... ?
5. Options choisies — .... avez-vous choisies ?
6. Sports pratiqués — .... pratiquez-vous ?
7. Instruments de musique joués — .... ?

8. Marie, l'amoureuse romantique, pleure en lisant un poème de Marceline Desbordes-Valmore. Ses larmes effacent encore les pronoms… possessifs cette fois (le mien, le tien, le vôtre…) Récrivez-les.

Qu'en avez-vous fait ?

Vous aviez mon cœur,
Moi, j'avais ....
Un cœur pour un cœur ;
Bonheur pour bonheur !

.... est rendu ;
Je n'en ai plus d'autre.
.... est rendu
.... est perdu.

9. Complétez avec celui, celle, celles ou ceux.

1. J'aime ton pull. Il est **plus** beau **que celui de** Paul.
2. J'aime bien tes chaussettes. Elles sont aussi belles que ....
3. J'aime aussi ta montre. Elle marche mieux que ....
4. J'aime bien tes copains. Ils sont plus sympathiques que ....

Continuez sur le même modèle. Inventez 4 phrases.

5. ....
6. ....
7. ....
8. ....

10. Répondez au questionnaire d'*Ados Plus* avec ce / celui / celle(s) / ceux … qui ou avec ce / celui / celle(s) / ceux … que.

1. MC Solaar — Ah oui … c'est **celui qui** chante *Hasta la vista mi amor*.
2. Yann Tiersen — Ah oui … c'est .... a écrit la musique d'*Amélie Poulain*.
3. Compay Segundo — C'est un chanteur cubain : .... chante dans *Buena Vista Social Club*.
4. Loft Story — C'est .... est l'équivalent, en France, de *Big Brother*, chez nous.
5. Djamel — C'est .... joue le rôle de l'architecte du pharaon dans *Astérix et Cléopâtre*.
6. Manu Chao — .... *Me gustas tu*.

11. Complétez le dialogue avec un pronom relatif, interrogatif, démonstratif ou personnel ou bien avec un adjectif interrogatif.

Brad est chez Sarah. Ils regardent un album photo.

1. Brad : C'est .... cette fille sur la photo ? Je ne .... ai jamais vue.
2. Sarah : .... photo ?
3. Brad : Ben, ... ! .... où vous êtes tous.
4. Sarah : Je vois cinq filles sur cette photo. .... ne connais-tu pas ?
5. Brad : .... se trouve entre toi et Iannis.
6. Sarah : Ah ! .... ? C'est Carla, ma corres. Elle était en France l'année dernière.
7. Brad : Ah oui ! .... joue bien au tennis et .... les grands-parents sont au Maroc.
8. Sarah : Non, ... les grands-parents vivent au Maroc s'appelle Karim.
   C'est là .... je suis allée l'été dernier.

COMPARER

4 Plus qu'hier et moins que demain

*Cette année, comme prévu, les élèves de quatrième passent une semaine à La Plagne.
Ski le matin. Musique l'après-midi. Devoirs le soir… en principe !*

— Bonjour la jeunesse !
— Bonjour Monsieur ! Quelle neige !
— Eh oui ! Cette nuit il est tombé **plus** de neige **que** pendant ces quinze derniers jours.
— Il y en a presque **autant qu'**au Canada !
— Mais il fait certainement **moins** froid **qu'**au Québec.
— Pas mal ! J'ai vécu quelques années au Québec ! Mais je skie sûrement **moins** bien **que** Brad.
— Tu skies bien, toi ?
— Tu es certainement **meilleure que** moi ! Je n'ai jamais skié.

■ On peut comparer les choses de plusieurs façons :

• La comparaison peut exprimer une **égalité** (=).
Et cette égalité peut porter sur un nom, un adjectif, un adverbe ou un verbe.

        nom   *verbe*
Il y a **autant de** neige à La Plagne qu'à Banff.   Leila skie **autant que** Fatou.

        adjectif   *adverbe*
Il fait **aussi** froid à Paris qu'à Vancouver.   Brad skie **aussi** bien **que** le moniteur.

• La comparaison peut exprimer une **inégalité** (≠).
Et cette inégalité peut aussi porter sur un nom, un adjectif, un adverbe ou un verbe.

             (+)   (−)

        nom
Il y a **plus de** neige **que** hier   mais   il y a **moins de** soleil qu'avant-hier.

        adjectif
Il fait **plus** froid à La Plagne qu'à Paris   mais   **moins** froid qu'à Québec.

        adverbe
Leila skie **plus** vite **que** Justine   mais   **moins** bien **que** Brad.

        verbe
Sarah skie **plus que** Léo   mais   **moins que** Leila.

ET DANS VOTRE LANGUE ?
Quel est l'équivalent de « que » pour introduire la comparaison ?

Le comparatif — EXERCICES

1. Complétez avec le comparatif qui convient. N'oubliez pas le *que*.

Brad, Sarah, Justine et Iannis vont louer des skis et des chaussures.

1. Brad : Excusez-moi Monsieur, j'aimerais des skis **plus longs que** ceux-ci.
2. Iannis : Moi, il me faudrait des skis .... ceux de Brad mais .... ceux de Sarah.
3. Justine : Moi, je voudrais des skis .... Je débute.
4. Sarah : Ces chaussures me font mal, elles sont trop petites, vous en avez de .... ?
5. Justine : Moi aussi, j'aimerais changer. Les noires me plaisent .... les jaunes.
6. Sarah : Et en plus elles sont ....

> plus longs ● plus grandes ● moins chères ● plus courts ● encore moins longs ● plus

2. Brad et Sarah sur les pistes.
Complétez le texte : utilisez un mot de la liste pour faire une comparaison.
Regardez les signes [+], [−], [=] pour vous aider.
N'oubliez pas d'accorder l'adjectif.

1. Brad est **plus rapide que** Sarah. [+]
2. Ses skis sont .... ceux de Sarah. [+]
3. Sarah skie déjà bien mais il skie .... elle. [+]
4. Elle va .... lui. [−]
5. Mais elle est .... [+]
6. Elle skie .... lui. [−]
7. C'est normal, à Paris, les montagnes sont .... [−] de la ville .... à Vancouver.
8. Mais Brad est très sympa. Il lui montre comment être .... [+] d'elle et comment .... (+) prendre les virages, sans tomber.
9. C'est fou comme elle skie déjà avec .... [+]. Elle fait .... [+] de progrès avec Brad qu'avec la monitrice qui crie tout le temps. Bizarre, non ?
10. Brad est peut-être un .... [+] professeur, enfin Sarah lui trouve certainement .... [+].
11. Il est .... [+] et il a surtout plus d'allure.

> rapide ● prudent ● bien ● amusant ● bon ● proche ● progrès ● sûr ● souvent ● vite ● long ● assurance ● bien ● charme

3. Complétez avec un comparatif d'égalité (=), de supériorité (+) ou d'infériorité (−).
Utilisez les signes +, − ou = pour vous aider.

Après une journée de ski, Sami, Antoine et Brad regardent un match de foot à la télévision.

1. Brad : Oh ! Quel but ! Zidane est vraiment .... Ronaldo. [+ rapide]
2. Sami : Et leur gardien, à eux, n'est pas .... celui d'avant. [= bon]
3. Léo : Il est même nettement .... [− bon], pour ne pas dire .... [+ mauvais]
4. Antoine : Les Français courent .... l'autre équipe [= vite] et ils ont un .... jeu d'équipe. [+ bon]
5. Brad : Les Français sont .... [= bon] au foot .... les Canadiens au hockey !
6. Justine : Et les garçons sont .... [= bavards] .... les filles.

4 Plus qu'hier et moins que demain (suite)

COMPARER

■ Si la **comparaison** porte sur un **adjectif** ou sur un **adverbe** :

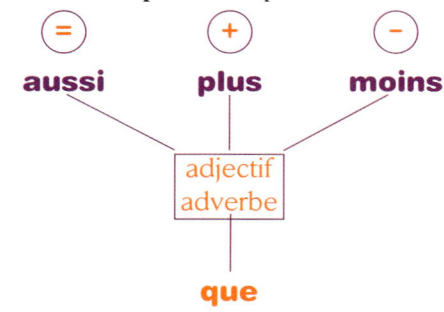

=	+	−
aussi	plus	moins

adjectif / adverbe — que

Sarah skie **aussi** vite que Laure.
plus vite que Justine.
... mais **moins** vite que Brad. C'est normal !

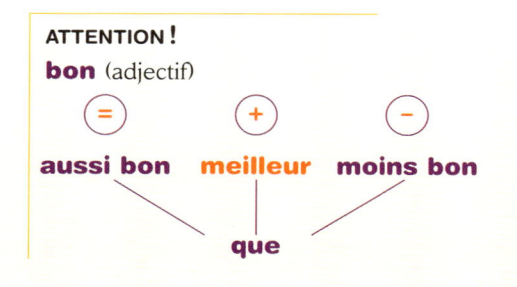

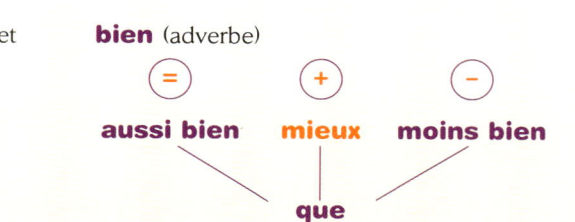

ATTENTION !
bon (adjectif)

=	+	−
aussi bon	meilleur	moins bon

que

et **bien** (adverbe)

=	+	−
aussi bien	mieux	moins bien

que

■ Si la **comparaison** porte sur un **nom** :

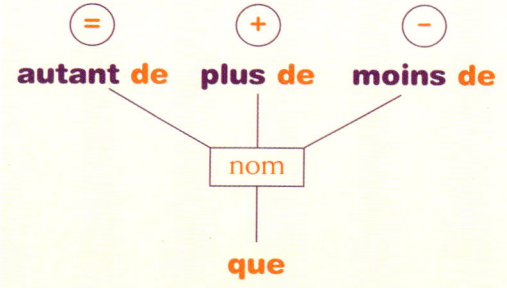

=	+	−
autant de	plus de	moins de

nom — que

Il y a **autant de** neige que l'année dernière.
plus de soleil que ce matin.
... et **moins de** vent qu'hier. Quelle journée !

■ Si la **comparaison** porte sur un **verbe** :

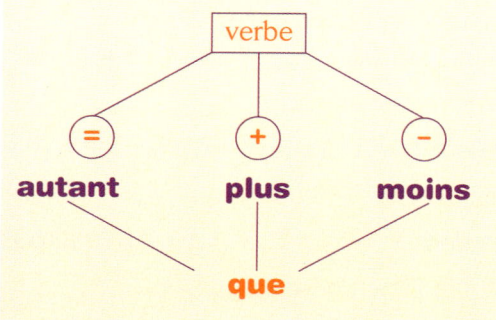

verbe

=	+	−
autant	plus	moins

que

Je skie **autant que** toi.
Je mange **moins que** toi.
Et je grossis **plus que** toi. Ce n'est pas juste.

88 – quatre-vingt-huit

Le comparatif — EXERCICES

1. Connaissez-vous la phrase qui se cache derrière ce pendentif, que certaines femmes (ou certains hommes) portent autour du cou ?

Je t'aime aujourd'hui, ... hier

et .... demain.

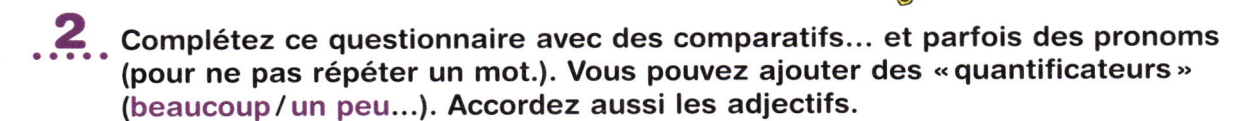

2. Complétez ce questionnaire avec des comparatifs… et parfois des pronoms (pour ne pas répéter un mot.). Vous pouvez ajouter des « quantificateurs » (**beaucoup** / **un peu**…). Accordez aussi les adjectifs.

ADOS PLUS — Plus que… ou moins que… JEUX

1. Le chinois / l'anglais / parlé — Le chinois est **plus parlé que** l'anglais.
2. Les chutes du Niagara / les chutes du Zambèze / haut ....
3. La ville de Paris / la ville de Rome / ancien ....
4. Le Liechtenstein / l'Autriche / grand ....
5. Le kangourou / le guépard / rapide mais performant. .... Il fait en effet des bonds de 350 mètres.
6. Éléphant d'Asie / girafe / vivre longtemps ....
7. Cou de la girafe / trompe de l'éléphant / long ....

3. Complétez avec un comparatif d'égalité (=), de supériorité (+) ou d'infériorité (–). Utilisez les signes +, – ou = et les mots entre parenthèses.

Le match de foot est suivi de publicités.

1. Confipure : [+] C'est .... fruits et [–] .... sucre.
   Confipure, c'est [+ bon] .... la confiture !

2. Depuis que je bois l'eau Bolder,
   je me sens [+ léger] ....
   J'ai repris une vie [+ saine] ....
   Je fais [+ sport de plein air] ....
   Je me sens [= jeune] .... il y a dix ans.
   Je vais beaucoup [+ bien] .... Merci Bolder !

3. « J'aime .... tes lèvres .... mes livres » [+]
   a dit Jacques Prévert.
   Aimez-les donc encore .... lui. [=]
   Consacrez-leur un peu .... temps. [+]
   Protégez-les avec Mielilèvre
   .... rouge à lèvres ! [+]

Plus qu'hier et moins que demain (suite)

■ REMARQUES

• On utilise **toujours que** devant le second terme de la comparaison.

Mais généralement, la phrase entière n'est pas reprise et l'on ne met que le **pronom tonique** correspondant au sujet.

Elle skie **aussi** bien **que** ~~je skie~~   mais **moins** bien **qu'**~~il skie~~.
                        moi   que lui .

Parfois, on sous-entend l'élément de la comparaison.

Cette année il y a **plus de** neige et le temps est **plus** ensoleillé ! (~~que l'année dernière~~)

• On peut aussi intensifier la comparaison, avec des adverbes comme **un peu**, **beaucoup** ou **tellement**.

Brad : Tu skies bien Sarah ?

Sarah : Pas mal. **Un peu** mieux **qu'**Alex. Et **beaucoup plus** vite **que** Léo.
           mais **tellement moins** bien **que** toi…

• On peut dire *plus mauvais que* ou **pire que**. Les deux sont possibles.

Brad : Est-ce que la neige est **meilleure** ou **pire que** l'année dernière ?
    =   **meilleure** ou **plus mauvaise**

• Dans une **phrase négative**, on peut dire :

– **pas aussi** (adjectif) **que** ou **pas si** (adjectif) **que**

– **pas autant de** (nom) **que** ou **pas tant de** (nom) **que**

Leila : Tu es **meilleure** ou **pire** (**plus mauvaise**) **que** moi en ski ?

Fatou : Disons que je **n'ai pas tant** (**autant**) **de** pratique **que** toi.
        Mais attention, je **ne** suis **pas si** (**aussi**) mauvaise **que** ça !

• Si le second terme de la comparaison est remplacé par un **verbe d'opinion**, on mettra un petit « ne » ou « le » ou « ne le » devant ce verbe.

Brad skie encore **plus** vite **que** je **ne le** croyais.

Ou bien   Brad skie encore **plus** vite **que** je **le** croyais.

Ou bien   Brad skie encore **plus** vite **que** je **ne** croyais.

Le comparatif — EXERCICES

1. Faites des phrases avec les mots suivants. Complétez-les par un comparatif :
plus (de) ... que, moins (de) ... que, autant (de) ... que / aussi (si)... que,
meilleur, mieux, pire ... que. Une seule réponse par phrase proposée.
N'oubliez pas d'accorder l'adjectif ou de conjuguer le verbe.
Passez ensuite vos réponses à un ami (si vous êtes une fille) ou à une amie
(si vous êtes un garçon). Il/elle dira s'il/si elle est d'accord en cochant la bonne case.

ADO-TEST

Moi, je dis que :

D'ACCORD ? PAS D'ACCORD ?

1. Les filles / bavard / garçons
   = Les filles sont **moins bavardes que** les garçons. ☒ ☐
   (ou : Les filles sont **plus bavardes que** les garçons.) ☐ ☐
   (ou : Les filles sont **aussi bavardes que** les garçons.) ☒ ☐

2. Les garçons / pleurer / filles.
3. Les garçons / bien skier / filles.
4. Les filles / bon en orthographe / garçons.
5. Les filles / gourmand / garçons.
6. Les filles / lent à se préparer / garçons.
7. Les garçons / jouer souvent à la PlayStation / filles.
8. Les garçons / bon au foot / filles.
9. À 14 ans, les filles / grand / garçons.
10. À 15 ans, les filles / voix grave / garçons.
11. Les garçons / bon sens de l'orientation / filles.
12. Les filles / bien parler les langues étrangères / garçons.

2. Comparez la nourriture française avec celle de votre pays. Suivez le modèle.
Utilisez des marqueurs de comparaison : **plus de / moins de / autant de**.
Vous pouvez ajouter des marqueurs d'intensité : **beaucoup, un peu, vraiment**...

1. On mange du fromage. En France, on mange **beaucoup plus de** fromage **que** dans mon pays.
2. On mange des fruits.
3. On boit du vin.
4. Les jeunes boivent du coca.
5. On met du sel.
6. On utilise des épices.
7. On consomme du pain.
8. On fait des gâteaux.

4 C'est la plus belle de toutes.

> Bon, là nous sommes au sommet **des plus** hautes pistes **de** la station. C'est un des endroits **les plus** magiques **de** la région. La piste **la plus** difficile passe par là. C'est **la plus** belle **de** toutes. Je propose que **les plus** forts l'essaient. Celle-là, c'est **la plus** longue, mais elle n'est pas **vraiment** difficile. Ceux qui ont **le moins d'**expérience la prendront avec Élodie. On se retrouve au télésiège « Les Bosses ». Celui qui est **le plus** proche **du** restaurant. Bon, assez parlé ! On y va ?

■ Pour marquer l'intensité, on peut utiliser un adverbe : **très**, **vraiment (très)**, **fort**, **très très** (à l'oral)…devant un adjectif ou un adverbe.

> **ATTENTION !**
> Certains adjectifs comme *formidable, excellent, merveilleux, sensationnel, extraordinaire, terrible, exquis…* n'acceptent pas ces adverbes d'intensité.
> C'est un **très** bon skieur. Il skie **très** bien.
> C'est un ~~très~~ excellent skieur. (excellent = très bon)

On peut aussi utiliser un superlatif :

■ **Superlatif devant un adjectif**

	devant	suivi de	
le/la/les plus	adjectif	**de**	**Les plus forts** prendront la piste **la plus longue**. C'est **la plus belle de** toutes.
le/la/les moins			

> **ATTENTION !**
>
> | superlatif de **bon** (adjectif) | superlatif de **bien** (adverbe) | Brad est **le meilleur** skieur de tous. |
> |---|---|---|
> | = | = | C'est celui qui skie **le mieux**. |
> | **Le meilleur** | **Le mieux** | |
> | **La meilleure** | | |
> | **Les meilleurs** | **REMARQUE :** | |
> | **Les meilleures** | On peut dire **le plus mauvais** ou **le pire**. Les deux sont possibles. | |

Le superlatif — EXERCICES

1. Complétez le dialogue avec des superlatifs. Accordez les adjectifs.

1. Camille : Alors Marie, comment était-ce cette première journée de ski ?
2. Marie : Merveilleux ! **Ma meilleure journée** depuis un mois ! *(+ bonne journée)*
3. Camille : Ça va .... alors ? *(+ bien)*
4. Marie : Je vais beaucoup .... Et je pleure beaucoup .... *(+ bien) (–)*
5. Camille : Tu ne pleures plus du tout, j'espère.
6. Marie : Non ! Je crois que les moments .... sont passés. *(+ dur)*
   Cette rupture a été une des .... expériences *(+ mauvais)*
   de ma vie. Heureusement que mes .... *(+ bon)*
   copines étaient là pour me soutenir.
   Le soir, c'est mon journal qui m'a .... aidée. *(+)*
   L'écriture a été le remède .... *(+ efficace)*
7. Camille : Une rupture n'est jamais une chose .... *(+ agréable)*
   Mais tu méritais .... *(+ bien)*
   C'était un des garçons .... *(+ indécis)*
   .... *(+ lâche)*
   .... *(– courageux)*
   .... que j'ai rencontrés. *(– généreux)*
8. Marie : Tu exagères. Il avait des qualités. Mais laissons cela. C'est du passé.
9. Camille : Tu es vraiment trop gentille. Est-ce que Brad t'a parlé de Tom,
   son .... copain ? Il cherche une correspondante par mél *(+ bon)*
   pour avoir de .... notes en français. *(+ bon)*
   J'ai dit à Brad que tu étais .... choix *(+ bon)*
   qu'il pouvait faire. Tu écris tout le temps. Et tu es aussi ....
   .... d'entre nous. *(+ disponible)*
   Et d'après Brad, Tom est .... *(+ merveilleux)*
   des garçons : ...., ... *(+ ouvert) (+ sensible)*
   .... de tous ses copains. Tiens, il m'a passé sa photo. *(– égoïste)*
10. Marie : Il a l'air bien. Pas mal même. Un des .... *(+ beau)*
    sourires que j'aie vu depuis longtemps.
    Bisou ! Tu es vraiment ma .... amie. *(+ bonne)*

2. Complétez ces maximes. Rendez-leur leur superlatif.

1. L'aventure .... ambitieuse commence toujours par un simple pas.
2. Notre bien .... précieux, c'est le temps.
3. La langue .... belle, c'est celle de l'amour.

Quelle est celle qui vous touche le plus ? ....

4 C'est la plus belle de toutes. (suite)

COMPARER

Place de l'adjectif

• Quand **l'adjectif précède** le nom, le superlatif le précède aussi.

(fém. sing) adjectif   nom   (fém. sing) superlatif   adjectif   nom

C'est une **belle** piste. = C'est **la plus** **belle** piste **de** toutes.

• Quand **l'adjectif suit** le nom, le superlatif le suit aussi.

(fém. sing) nom   adjectif (fém. sing)   (fém. sing) nom   superlatif   adjectif (fém. sing)

C'est une piste **difficile**. = C'est la piste **la plus** **difficile** de La Plagne.

> **ATTENTION !**
> Quand **l'adjectif suit** le nom, n'oubliez pas de **répéter l'article**.
> **La** piste **la** plus difficile.

■ Superlatif devant un adverbe

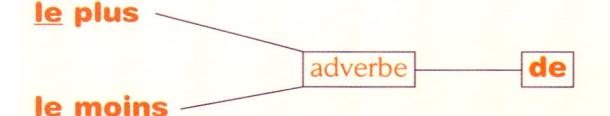

le plus ─┐
             ├─ devant [adverbe] ─ suivi de [de]
le moins ─┘

Devant l'adverbe, on utilise toujours **le**.

Sarah est celle qui tombe **le moins** souvent (de toutes).

Justine est celle qui skie **le plus** lentement.

■ Superlatif devant un nom

le plus de ─┐
                ├─ devant [nom] ─ suivi de [de]
le moins de ─┘

Devant un nom, on utilise toujours **le** et on le fait suivre de **de**.

Ceux qui ont **le moins d'**expérience (du groupe) iront avec Élodie.

Ceux qui ont **le plus de** technique (du groupe) viendront avec moi.

> **ET DANS VOTRE LANGUE ?**
> Comment traduisez-vous « C'est la plus belle de toutes » ?

Le superlatif — EXERCICES

1. Comparez les trois stations de ski et faites vos commentaires à partir des mots repères donnés. Utilisez des superlatifs : **le plus / le moins – le plus de / le moins de**.

Station	La Plagne	Chamonix	Val d'Isère
Altitude	1 250 m - 3 250 m	1 050 m - 3 840 m	1 560 m - 3 450 m
Domaine skiable	215 km	150 km	300 km
-noires	6	10	14
-rouges	35	24	36
-bleues	73	22	67
-vertes	11	12	21
Hôtel	L'Ancolie	L'Edelweiss	Le Perce-Neige
Altitude	2 100 m	1 000 m	1 850 m
Prix/semaine Chambre de 4	375 €	425 €	450 €
Gare	Aime à 30 minutes	Chamonix	Bourg-Saint-Maurice à 1 heure

1. Chamonix / pistes rouges
   *Chamonix est la station qui a **le moins de** pistes rouges.*
   ou *Chamonix a **le moins de** pistes rouges.*

2. Val d'Isère / domaine skiable
   ....

3. La Plagne / nombre de pistes bleues
   ....

4. Pistes rouges à Val d'Isère / nombreux
   ....

5. Chamonix / pistes bleues
   ....

6. Chamonix / sommet
   ....

7. Hôtel de La Plagne / altitude
   ....

8. Gare pour Val d'Isère / éloigné de la station
   ....

9. Prix d'une semaine de ski / Val d'Isère
   ....

10. Prix d'une semaine de ski / La Plagne
    ....

11. Quel hôtel a **le plus beau** nom – celui de La Plagne ☐ ☐
    – celui de Val d'Isère ☐ ☐
    – celui de Chamonix ☐ ☐

    Connaissez-vous ces trois fleurs ? Pour vous, quelle est **la plus jolie** ? ....

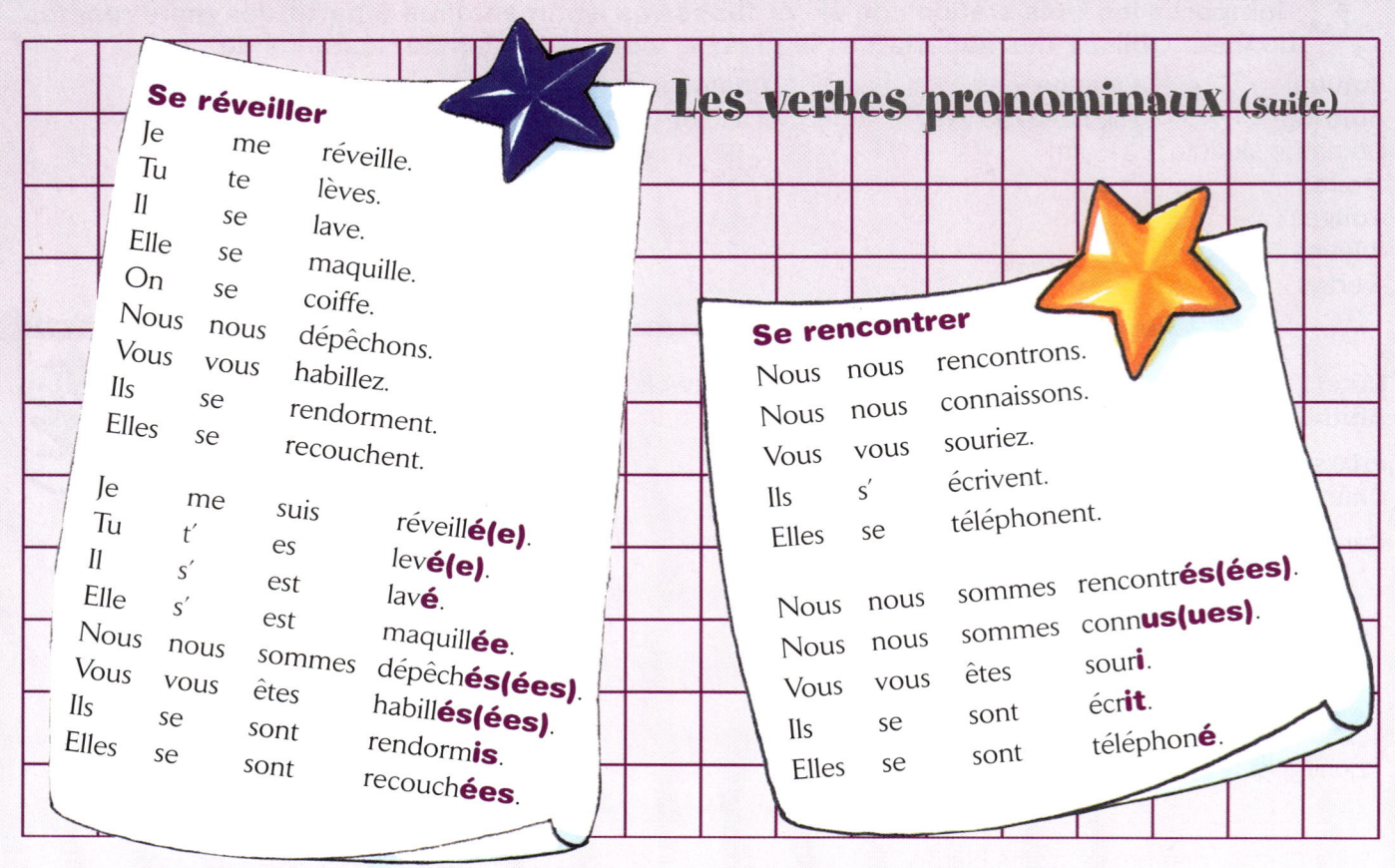

Les verbes pronominaux (suite)

Se réveiller

Je	me	réveille.
Tu	te	lèves.
Il	se	lave.
Elle	se	maquille.
On	se	coiffe.
Nous	nous	dépêchons.
Vous	vous	habillez.
Ils	se	rendorment.
Elles	se	recouchent.

Je	me	suis	réveill**é(e)**.
Tu	t'	es	lev**é(e)**.
Il	s'	est	lav**é**.
Elle	s'	est	maquill**ée**.
Nous	nous	sommes	dépêch**és(ées)**.
Vous	vous	êtes	habill**és(ées)**.
Ils	se	sont	rendorm**is**.
Elles	se	sont	recouch**ées**.

Se rencontrer

Nous	nous	rencontrons.
Nous	nous	connaissons.
Vous	vous	souriez.
Ils	s'	écrivent.
Elles	se	téléphonent.

Nous	nous	sommes	rencontr**és(ées)**.
Nous	nous	sommes	conn**us(ues)**.
Vous	vous	êtes	sour**i**.
Ils	se	sont	écr**it**.
Elles	se	sont	téléphon**é**.

■ En français, on rencontre **deux types de verbes pronominaux** :

1. Les verbes pronominaux **réfléchis**. (On se fait quelque chose à soi-même.)
   je = me = la même personne ; **tu = te** = la même personne ; **il/elle = se** = la même personne.

- Dans ce cas, **le participe passé s'accorde avec le sujet**.

sujet masc. sing. masc. sing.
Je me suis lavé. (**Je** = Brad = **masculin singulier**) → lav**é**

sujet fém. plur. fém. plur.
Elles se sont recouchées. (**Elles** = Sarah et Marie = **féminin pluriel**) → recouch**ées**

2. Les verbes pronominaux **réciproques**. (On fait quelque chose avec quelqu'un d'autre.)
   Ces verbes ne se rencontrent qu'au **pluriel**. Ce qui est logique, puisqu'il faut être deux personnes (ou plus) pour faire l'action.

- **Si le pronom (du verbe) est COD, le participe passé s'accorde avec lui.** → participe passé, p. 38

sujet COD fém. plur. fém. plur.
Nous nous sommes connues** à La Plagne.** (**nous** = Marie et Elsa = **COD fém. pluriel**)
          COD 1   + COD 2
= Marie a connu Elsa à La Plagne et Elsa a connu Marie à La Plagne. → conn**ues**

- **Mais le participe passé ne varie pas si le pronom est COI.**

sujet COI masc. plur.
Ils se sont écrit. (**se** = à Brad, à Sami = **COI**)
     COI   COI
= Brad a écrit à Sami et Sami a écrit à Brad → écr**it**

→ accord du participe passé, p. 38

CONJUGAISON CONJUGAISON CONJUGAISON

1. **Mettez les verbes au passé composé et accordez ou non le participe passé.**

Ce matin, tout va mal au chalet l'Ancolie.

1. Antoine ne **s'est pas réveillé**. *(ne pas se réveiller)*
2. Il n'a pas trouvé son peigne. Alors il .... *(ne pas se coiffer)*
3. Justine n'a pas entendu son réveil. Elle .... *(ne pas se lever)*
4. et Sarah .... *(se rendormir)*
5. Quand elle a vu cela, Camille .... *(se recoucher)*
6. et Marie .... ! *(se mettre à rêver)*

2. **Mettez les verbes au passé composé et accordez ou non le participe passé et dites pourquoi vous ne l'accordez pas, ou avec quoi vous l'accordez.**

1. Marie et Tom ne **se sont** jamais **rencontrés**. *(ne jamais se rencontrer)*
   parce que « **se** » = COD = Tom et Marie = masc. plur. (1 garçon +1 fille) → **rencontrés**
2. Ils .... *(ne jamais se téléphoner)*
   ....
3. Ils .... *(se connaître par mél)*
   ....
4. Ils .... *(s'écrire souvent)*
   ....
5. Ils .... *(se comprendre tout de suite)*
   ....
6. Je crois qu'il .... *(se plaire)*
   ....

3. **Brad n'a toujours pas écrit à son professeur de français. Il lui envoie une carte de La Plagne. Aidez-le à conjuguer les verbes pronominaux au passé composé.**

Cher Monsieur Vignaux,

1. Mon arrivée en France **s'est** bien **passée**. *(se passer)*
2. Sami et moi, nous *(se retrouver)* .... à l'aéroport.
3. Dès que nous *(s'apercevoir)*, ...,
4. nous *(se reconnaître)* ....
5. Au collège Paul-Verlaine, j'ai rencontré ses copains. Nous avons tout de suite sympathisé et nous *(s'entendre très bien)* .... immédiatement.
6. Ce collège a une équipe de hand fantastique. Ces derniers jours, nous *(s'entraîner beaucoup)* .... parce que samedi dernier, c'était le championnat inter-collège.
7. Et devinez quoi ? Nous *(se qualifier)* .... pour la finale. C'est super, non ?
8. La semaine dernière, toute la classe est allée à La Plagne. Je *(se régaler)* .... La neige était bonne, le ciel était bleu, il faisait chaud (Si! Si! Si!)…
9. On *(s'amuser)* .... comme des fous.

BILAN

« Plus ou moins [...] que ... Le plus ou le moins »

1. Complétez ce questionnaire avec des superlatifs ou des comparatifs...
et parfois des pronoms (pour ne pas répéter un mot).
Vous pouvez aussi ajouter des « quantificateurs » (**beaucoup/un peu**...).
Accordez aussi les adjectifs.
C'est beaucoup ? C'est un bilan.

1. La langue (parlé) (monde) =
   La langue **la plus parlée du** monde est le chinois.

2. Le sommet (élevé) (Europe) =
   ....

3. L'État (petit) (Europe) =
   ....

4. L'oiseau (grand) (mesure 6 cm de long) (on peut le voir à Cuba) s'appelle le colibri d'Hélène =
   ....

5. Le nougat (bon) (France) est fabriqué à Montélimar.
   ....

6. La tour de Londres est (haut) (tour Eiffel).
   ....

« Plus ou moins [...] que ... Le plus ou le moins »

2. À partir des mots clés donnés, formulez des questions
avec un superlatif, comme dans le modèle. N'oubliez pas d'accorder **quel**.
Posez ensuite la question à votre voisin(e).
Si vous n'êtes pas d'accord, dites qui, selon vous, est « **mieux** ».
Utilisez alors un comparatif...

1. **A.** Quel / actrice française / grand ?   Quelle est, pour toi, **la plus grande** actrice française ?
   B.   D'après moi, c'est Catherine Deneuve.
   A.   Ah oui ? Pour moi, Isabelle Huppert joue **mieux qu'**elle.

2. Quel / acteur de cinéma / beau ?   ....
   B. ....
   A. ....

3. Quel / chanteuse / voix / beau ?   ....
   B. ....
   A. ....

4. Quel / groupe de rock / bon ?   ....
   B. ....
   A. ....

BILAN BILAN BILAN BILAN BILAN BILA

« Plus ou moins […] que … » « Aussi […] que … »

3. Comparez la France avec votre pays d'origine.

1. En France, le climat est **plus** doux **qu'**en Pologne / en Russie / au Canada.
2. La végétation… ....
3. Les gens… ....
4. Les magasins… ....
5. Le vin… ....
6. La nourriture… ....

4. Continuez. Comparez la nourriture, la façon de s'habiller, les études, les chansons… en France et dans votre pays.

1. Chez nous, on dîne beaucoup **plus** tôt **qu'**en France.
2. ....
3. ....
4. ....
5. ....

« Le plus ou le moins »

5. Décernez des prix dans votre classe et dites pourquoi.
Pour chaque prix, vous devez utiliser un comparatif, un superlatif, un pronom démonstratif, un pronom relatif et un quantificateur (si possible).
N'oubliez pas que c'est un bilan.

PRIX DE LA SUCETTE À L'ANIS DÉCERNÉ À Léo

• Il reçoit une visite médicale gratuite chez **le meilleur** dentiste **de la** ville.

Parce que ?
C'est **celui qui** est **le plus** gourmand **de** la classe.
Il est **encore plus** gourmand **que** Tony !
(ou) Il mange **bien plus de** bonbons **que** moi !

BILAN

Quelques idées : bon / mauvais en français (ou bon / mauvais accent en français)
sympathique / généreux / bien habillé
drôle (ou raconter beaucoup de blagues)
bien danser
courir vite / bien attraper la balle au hand / marquer des buts au foot etc.

Quelques idées de prix : Prix Tour Eiffel (français)
Prix Rio de Janeiro (danseur de samba)
Prix Guignol (drôle)

PRIX ....
DÉCERNÉ À ....

- Il / Elle reçoit

Parce que ?
....

PRIX ....
DÉCERNÉ À ....

- Il / Elle reçoit

Parce que ?
....

PRIX ....
DÉCERNÉ À ....

- Il / Elle reçoit

Parce que ?
....

PRIX ....
DÉCERNÉ À ....

- Il / Elle reçoit

Parce que ?
....

PRIX ....
DÉCERNÉ À ....

- Il / Elle reçoit

Parce que ?
....

PRIX ....
DÉCERNÉ À ....

- Il / Elle reçoit

Parce que ?
....

BILAN BILAN BILAN BILAN BILAN BILA

6. Remplacez les adjectifs entre parenthèses par des comparatifs. Attention aux irréguliers !

Camille veut s'acheter une robe. Marie l'aide à choisir.

1. Camille : Comment tu trouves celle-là ?
2. Marie : Elle est *(décolletée +)* / l'autre **plus** décolletée **que** l'autre.

   L'autre robe avait une couleur *(jolie –)* ....
   et la coupe t'allait *(bien –)* / celle-ci. ....
3. Camille : Je préfère l'autre. Elle est *(classique –)* ....
   et *(courte +)*. ....
4. Marie : Mais celle-ci est *(bon marché +)*… ....
5. La vendeuse : Bon, vous avez bientôt fini ? Ça fait une heure que vous êtes là et on va bientôt fermer !
6. Camille : Oh là là ! Cette vendeuse est encore *(désagréable +)* / ....
   que les autres. C'est la dernière fois que je viens ici !

7. Complétez avec un comparatif ou un superlatif et/ou un pronom démonstratif (**celui** / **celle**…) et/ou un pronom relatif (**qui** / **que** / **dont**…). Remplacez les noms propres par un pronom tonique. Conjuguez les verbes. Attention à l'accord du participe passé. C'est le dernier exercice du bilan !

Marie est moins triste. La montagne lui fait du bien. Elle « revit ».

1. Brad : Tu sais, Tom, **celui dont je t'ai parlé** *(parler / passé composé)* ?
2. Marie : Oui, celui .... *(me montrer la photo / passé composé)*,
   celui .... tu m'as dit d'écrire, ... *(aller)*
   à La Plagne avec ses parents l'année dernière.
3. Brad : Oui, il voudrait une photo de la piste noire…
4. Marie : .... *(descendre à toute vitesse)* l'année dernière ?
5. Brad : Mais comment tu le sais ?
6. Marie : Ben, depuis une semaine, on s'écrit. C'est toi ....
   (me donner son mél). Tu te rappelles ?
7. Brad : Et c'est toi .... *(dire à lui)* que tu étais bonne photographe ?
8. Marie : Pas exactement. Je lui ai écrit que .... me plaisait surtout à la montagne, c'était marcher
   et faire des photos. Je skie pas mal, mais je ne suis pas ....
   (sportif / comparatif d'égalité) que .... *(Brad = tu)* ou que .... *(Tom = il)*.
9. Brad : D'accord ! C'est pour cela qu'il m'a dit : « Demande ce service à Marie. À mon avis,
   elle photographie .... *(bien / comparatif)* .... toi ».
10. Marie : Eh bien demain, s'il fait beau, je ferai des photos .... on lui enverra par mél.
    Mais tu prendras aussi une photo de .... *(Marie = je)*, au pied de cette fameuse
    piste .... vous êtes si fiers. Et tu me donneras des conseils de pro pour la pause.

EXPRIMER LA NÉGATION

5 Aucun mél ne m'a jamais fait autant plaisir.

De : marie.t8@gratoos.com
A : tom.van9@gratoos.com

Bonjour Tom,

Je t'écris d'un cybercafé de La Plagne. On n'a pas Internet au chalet.

Je n'ai pas encore pu prendre de photos de la piste noire, je n'avais plus de pellicule. De toute façon, il n'y avait pas beaucoup de soleil. J'en prendrai donc demain. La météo annonce « grand ciel bleu sans nuage ». Brad viendra avec moi. Quel skieur ! Personne n'arrive à le dépasser. D'après lui, tu ne skies pas mal non plus.

Bon, je ne t'écris pas davantage ce soir. Il est huit heures. On n'a pas encore dîné. Les copains m'attendent dehors. On va manger une fondue.

À bientôt, j'espère.
Marie

De : tom.van9@gratoos.com
A : marie.t8@gratoos.com

Chère Marie,

C'est incroyable. Je n'espérais pas recevoir un mél de toi si vite. Enfin, si, soyons franc je l'espérais ! Je n'ai pas de cours ce matin. Il n'est que 11 heures ici et je n'ai qu'une envie : aller manger cette fondue avec vous.

Mais je ne te retarde pas. Dis bonjour à Brad. Je t'écrirai plus longuement ce soir. Aucun mél ne m'a jamais fait autant plaisir.

À demain.
Tom

> **REMARQUE**
>
> En français, la négation est en **deux parties** : **ne** […] **pas**.
> À l'oral, la plupart du temps, **ne** n'est **pas** prononcé. Mais à l'écrit, on ne peut pas le gommer. **Ne** et **pas** sont indispensables.

■ Rappel : place de la négation

• Quand le verbe est conjugué à un **temps simple**, la négation entoure le verbe.

On est au collège cette semaine.
→ On **n'est pas** au collège cette semaine.
     verbe

• Si le **verbe** est précédé d'un **pronom complément**, **ne** se place **devant le pronom** et **pas** se place **après le verbe**.

Tu me connais. → Tu **ne** me connais **pas**.
                       pronom

• Quand le **verbe** est conjugué à un **temps composé**, en général, **la négation entoure l'auxiliaire** (et le/les pronom(s) complément(s) s'il y en a).

Je suis allé à La Plagne.
→ Je **ne** suis **pas** allé à La Plagne.
   auxiliaire   participe passé

Brad t'en a parlé ?
→ Brad **ne** t'en as **pas** parlé ?
       pronoms

> **ET DANS VOTRE LANGUE ?**
>
> Est-ce que la négation est en deux parties ? Où se place-t-elle ?

La négation — EXERCICES

1. Répondez à la question de façon négative. Utilisez le verbe entre parenthèses.

1. Sarah : Qu'est-ce que tu as fait dimanche, Karim ? Tu es sorti ?
   Karim : Je **ne** suis **pas** sorti. *(sortir)*
2. Sarah : Ah bon ? Tu as travaillé ?
   Karim : Non, ... *(faire quelque chose)*
3. Sarah : Comment ça ? Tu as regardé la télévision quand même ?
   Karim : Non, et je .... *(écouter la radio)*
4. Sarah : Eh ben ! Tu as lu au moins ?
   Karim : Non, je .... *(ouvrir une BD)*
5. Sarah : Tu as quand même écrit à Julia ?
   Karim : Non, je .... *(écrire)*
   Je .... *(envoyer un mél)*
   Je .... *(téléphoner)*
6. Sarah : Mais tu as pensé à elle ?
   Karim : Oui, tout le temps.

2. Mettez les mots dans l'ordre et écrivez la phrase.

Ces quatre derniers mois, Marie a été très triste. Elle avait un chagrin d'amour.

1. ne ● elle ● riait ● plus ●   Elle **ne** riait **plus**.
2. plus ● elle ● sortait ● ne ● ....
3. ne ● à ● copains ● plus ● ses ● téléphonait ● elle ● ....
4. Ne ● elle ● plus ● rencontrer ● garçon ● voulait ● aucun ● ....
5. Elle pleurait, ● ne ● ça ● l' ● pas ● aidait ● beaucoup ● ....
6. elle ● tout ● écrit ● a ● son ● dans ● journal ● Alors ● ....
7. Elle ● lui ● a ● ne ● caché ● rien. ....
8. Puis un jour ● n' ● pleuré ● elle ● a ● plus ● ....
9. « Tous ● garçons ● ne ● les ● égoïstes ● pas ● sont ; ....
10. ne ● tous ● pas ● sont ● lâches ; ....
11. tous ● pas ● aussi ● ne ● que ● lui ● insensibles ● sont ● » , s'est-elle dit. ....
12. elle ● accepté ● la ● a ● de ● proposition ● Brad ....
13. a ● elle ● plus ● pensé ● à Martin ● n' ● ....
    et elle a écrit à Tom.

5 Aucun mél ne m'a jamais… (suite)

EXPRIMER LA NÉGATION

■ **Cible de la négation**

Sur quoi porte la négation ? Qu'est-ce qu'on nie ?

❏ **La négation porte seulement sur le verbe :** ne […] pas

❏ **La négation porte aussi sur les circonstances de l'action :**

- **le temps :** ne […] plus, ne […] jamais

  J'espérais te parler **encore** une fois.   Je **ne** voulais **plus** te voir.
  Tu as **toujours** dit que […].   Non, je **n'ai jamais** dit que […].
  Tu as **déjà** fini ?   Non, je **n'ai pas encore** commencé.

- **le lieu :** ne […] nulle part

  Ce livre est **quelque part**.   Je **ne** l'ai vu **nulle part**.

  > **ATTENTION !**
  > **Nulle part** se place après le participe passé.

❏ **La négation porte sur le COD :** ne […] pas de, ne […] plus de, ne […] jamais de
ne […] personne, ne […] rien, ne […] aucun(e) + nom

- L'article indéfini (**un, une, des**) devient « **de** » derrière la négation.

  un une des → ne […] pas ~~un~~ pas ~~une~~ pas ~~des~~
  = ne […] pas de

  J'ai **des** cours ce matin.   Je **n'ai pas de** cours ce matin.

- L'opposé de **quelque chose** ou de **tout** est ne […] rien.

  quelque chose → ne […] ~~pas quelque chose~~
  = ne […] rien

  Tu lui as **tout** dit ?   Non, je **ne** lui ai **rien** raconté.
  Quelque chose te tracasse ?   **Rien ne** me perturbe aujourd'hui. Au contraire. **Tout** va bien.

- L'opposé de **quelqu'un** ou de **tout le monde** est ne […] personne.

  Quelqu'un → ne […] ~~pas quelqu'un~~
  = **ne** […] **personne**

  > **ATTENTION !**
  > **Personne** se place toujours après le participe passé.

  J'ai rencontré **quelqu'un**.   Je **n'ai** rencontré **personne**.

- L'opposé de **quelques, plusieurs, un, des** (+ nom) … est ne […] aucun (+ nom)

  J'ai **quelques** messages.   Moi, je **n'ai** reçu **aucun** message.

  > **ATTENTION !**
  > **Aucun** se place aussi après le participe passé.

❏ **La négation porte sur le sujet :** Personne ne (verbe) ; aucun(e) ne (verbe)

  Quelqu'un est là ?   Non, **personne n'est** encore arrivé.
  Certains méls font plaisir.   **Aucun** mél **ne** m'a **jamais** fait autant plaisir.

La négation — EXERCICES

1. Reliez A et B. Respectez la cohérence du dialogue.

Marie sort du cybercafé. Camille, très curieuse, lui pose des questions.

A — Camille

1. À qui envoyais-tu un mél ?
2. Tu n'écrivais quand même pas à ce lâche !
3. Tu écrivais à tes parents ?
4. Tu as un nouvel ami ?
5. C'est qui ?
6. Je le connais ?

B — Marie

a. Non, ne t'inquiète pas. Je n'ai pas donné signe de vie à Martin depuis la rupture.
b. À personne.
c. Non ! Il n'habite pas en France.
d. Tu es trop curieuse. Et puis chut ! Voilà Brad !
e. Ce n'est pas encore un ami. C'est un correspondant !
f. Je n'envoie pas de mél à mes parents. Ils préfèrent les cartes postales.

2. Complétez le dialogue par des négations. Faites porter la négation sur ce qui est entre parenthèses. Conjuguez les verbes.

Au restaurant.

1. Le serveur : Bonsoir ! Alors je vous le dis tout de suite, ce soir, je **n'ai plus de fromage**.
2. Tous : Non, ... (C'est vrai ! C'est possible !)
3. Le serveur : Je rigole. Mais il .... (il y a encore des haricots verts)
4. Sarah : Pas de problème. Je .... (aimer cela)
5. Justine : Et en entrée, vous .... ? (avoir des radis)
6. Le serveur : Ah non ! Je .... (en avoir). Ce n'est pas la saison, mademoiselle.
7. Antoine : Et de la salade de concombre ?
8. Le serveur : Non, monsieur. Ce n'est pas la saison .... (aussi) .... en hiver ! (radis et concombre)
9. Marie : Et vous avez du jambon de pays ?
10. Le serveur : Oui, mais je .... (avoir encore du saucisson) Alors ? En entrée, je vous écoute.
11. Sami : Ce sera « jambon de pays » pour tout le monde.
12. Camille : Pas pour moi, je suis végétarienne. .... (manger de la viande)
13. Serveur : Ensuite, fondue pour tout le monde. Avec un peu de vin ?
14. Le professeur : Non .... (du vin). Ils sont trop jeunes.
15. Tous : Ooooh !
16. Le serveur : Attention, il .... (il y a encore du coca)
17. Le professeur : Ce .... (être grave). De l'eau pour tout le monde.
18. Le serveur : Pour vous aussi ?
19. Le professeur : Oui. Je ne boirai pas de vin .... (aussi)

5 Aucun mél ne m'a jamais… (suite)

EXPRIMER LA NÉGATION

❏ **Double négation**

Dans une phrase, on peut parfois rencontrer **deux négations différentes**.

Dans ce cas, on ne met qu'**une fois ne**.

Il y a quelque chose ?	Non, il **n'**y a **rien**.
Il reste encore quelque chose ?	Non, il **ne** reste **plus rien**.
Il y a quelqu'un ?	Non, il **n'**y a **personne**.
Mais il y a toujours quelqu'un ici.	Moi je **n'**ai **jamais** vu **personne**.
J'ai toujours beaucoup de méls.	Moi je **n'**en ai **jamais aucun**.
Je le vois encore toujours.	Je **ne** le vois **plus jamais**.

> **ATTENTION !**
> Tu **n'**as **pas encore** commencé à travailler ! = reproche
> Tu **ne** me fais **plus jamais** rire. = regret

❏ **Ni … ni**

Quand on veut dire qu'**il n'y a pas** quelque chose (ou quelqu'un) et qu'**il n'y a pas non plus** une autre chose (ou une autre personne), on utilise **ni** […] **ni** […].

Ni … **ni** … est aussi l'opposé de « ou … ou … »

> **ATTENTION !**
> Pas de « ~~de~~ » après « ni ».
> Ce soir il n'y a **ni** fromage, **ni** dessert. = Il n'y a pas de fromage et pas de dessert.

❏ **Non plus**

L'opposé de **aussi** est **non plus**.

J'aime beaucoup le moniteur.	Moi, je ne l'aime pas beaucoup.
Moi **aussi**.	Moi **non plus**.

❏ **Ne […] que**

Ne […] **que** exprime une restriction. Il signifie « **seulement** ».

Ne […] **que** porte généralement sur le **COD**, ou sur les circonstances de l'action : le **temps**, le **lieu**…

> Ce restaurant **n'**ouvre **que** le samedi.
> = Il ouvre **seulement** le samedi.

> Je **n'**ai **que** 10 euros.
> J'ai **seulement** 10 euros.

La négation — EXERCICES

1. Complétez les annonces avec des négations.

Aidez-les à trouver une solution.

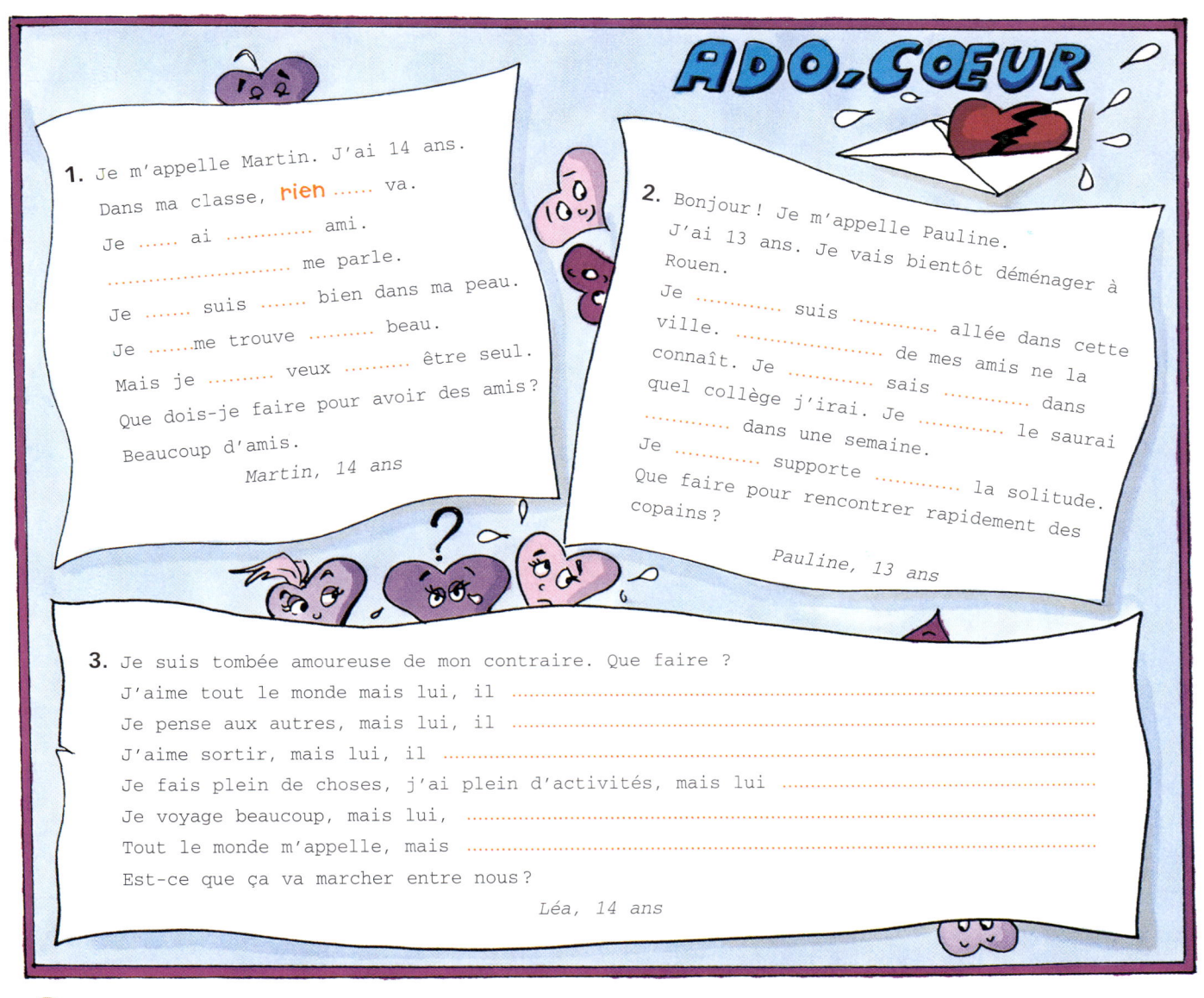

ADO-COEUR

1. Je m'appelle Martin. J'ai 14 ans. Dans ma classe, **rien** ...... va. Je ...... ai .... ami. .... me parle. Je ...... suis ...... bien dans ma peau. Je ......me trouve .... beau. Mais je .... veux .... être seul. Que dois-je faire pour avoir des amis ? Beaucoup d'amis.

    Martin, 14 ans

2. Bonjour ! Je m'appelle Pauline. J'ai 13 ans. Je vais bientôt déménager à Rouen. Je .... suis .... allée dans cette ville. .... de mes amis ne la connaît. Je .... sais .... dans quel collège j'irai. Je .... le saurai .... dans une semaine. Je .... supporte .... la solitude. Que faire pour rencontrer rapidement des copains ?

    Pauline, 13 ans

3. Je suis tombée amoureuse de mon contraire. Que faire ?
    J'aime tout le monde mais lui, il ....
    Je pense aux autres, mais lui, il ....
    J'aime sortir, mais lui, il ....
    Je fais plein de choses, j'ai plein d'activités, mais lui ....
    Je voyage beaucoup, mais lui, ...
    Tout le monde m'appelle, mais ....
    Est-ce que ça va marcher entre nous ?

    Léa, 14 ans

2. Donnez une définition à ces mots difficiles. Faites une phrase négative.
Utilisez **ne ... pas** ; **ne ... jamais** ; **ne ... rien**, **ne ... plus**, etc.

Le dictionnaire négatif

1. **Un analphabète** est quelqu'un qui **ne** sait **ni** lire, **ni** écrire dans sa langue maternelle.

2. **Un végétarien** est quelqu'un qui ....

3. **Un chômeur** est quelqu'un qui ....

4. **Un insomniaque** est quelqu'un ....

5. **Un égocentrique** est quelqu'un qui ....

6. **Un incompris** est quelqu'un que ....

7. **Un xénophobe** est quelqu'un qui ....

8. **Un mysogyne** est quelqu'un qui ....

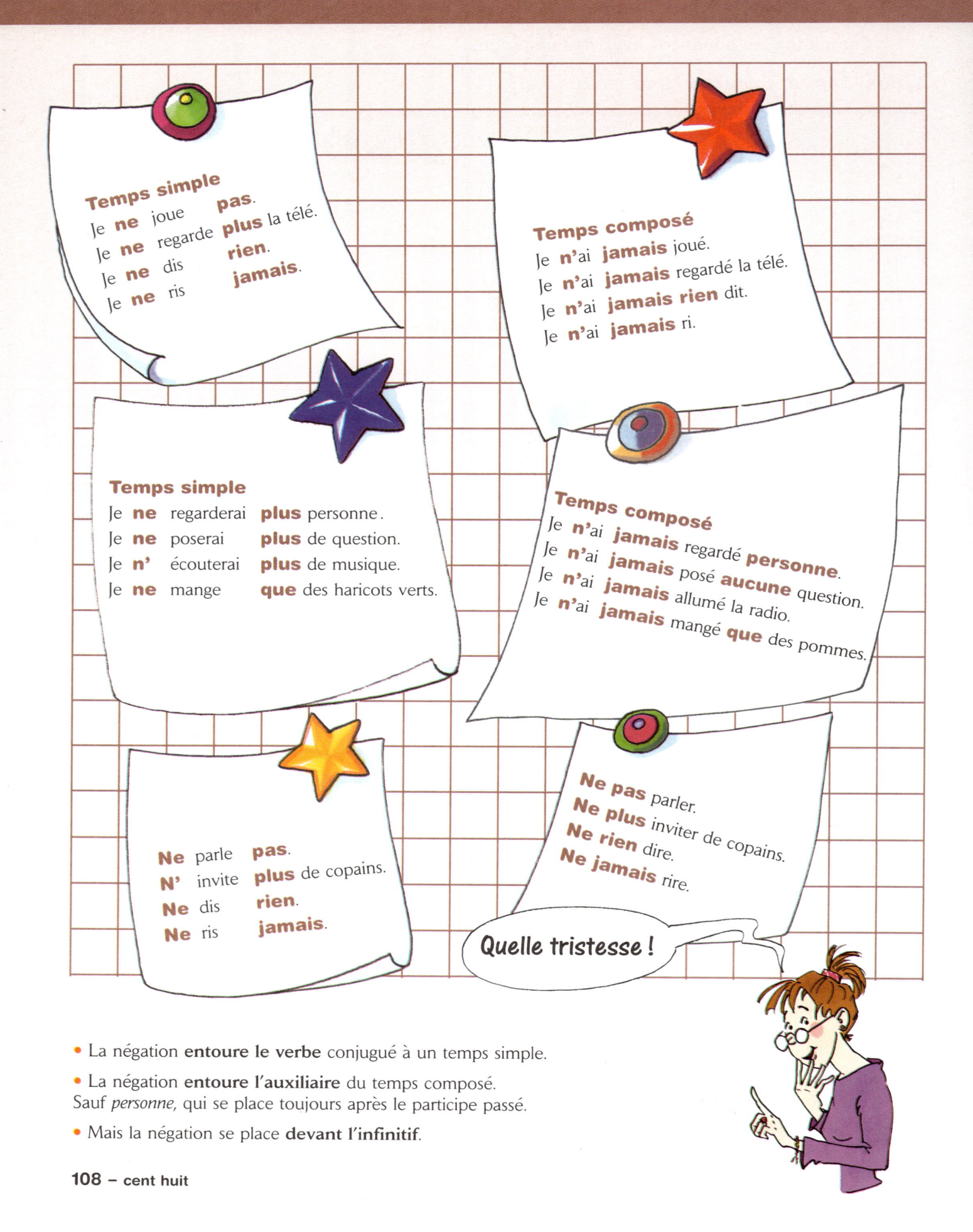

CONJUGAISON CONJUGAISON CONJ

Temps simple
Je **ne** joue **pas**.
Je **ne** regarde **plus** la télé.
Je **ne** dis **rien**.
Je **ne** ris **jamais**.

Temps composé
Je **n'**ai **jamais** joué.
Je **n'**ai **jamais** regardé la télé.
Je **n'**ai **jamais rien** dit.
Je **n'**ai **jamais** ri.

Temps simple
Je **ne** regarderai **plus** personne.
Je **ne** poserai **plus** de question.
Je **n'** écouterai **plus** de musique.
Je **ne** mange **que** des haricots verts.

Temps composé
Je **n'**ai **jamais** regardé **personne**.
Je **n'**ai **jamais** posé **aucune** question.
Je **n'**ai **jamais** allumé la radio.
Je **n'**ai **jamais** mangé **que** des pommes.

Ne parle **pas**.
N' invite **plus** de copains.
Ne dis **rien**.
Ne ris **jamais**.

Ne pas parler.
Ne plus inviter de copains.
Ne rien dire.
Ne jamais rire.

Quelle tristesse !

- La négation **entoure le verbe** conjugué à un temps simple.
- La négation **entoure l'auxiliaire** du temps composé.
  Sauf *personne*, qui se place toujours après le participe passé.
- Mais la négation se place **devant l'infinitif**.

CONJUGAISON CONJUGAISON CONJUGAISON

1. Écrivez des interdictions sous ces panneaux.

a. .... b. .... c. ....

d. .... e. .... f. ....

2. Vous êtes le gardien du jardin. Vous rappelez gentiment le règlement. Mais les personnes réprimandées ne sont pas d'accord.

1. – Monsieur, s'il vous plaît, on **ne marche pas** sur les pelouses. Merci.
– Mais monsieur, je **n'ai pas marché**. Je **n'ai posé qu'**un pied pour ramasser mon ballon.

2. – Justement, ici ....
– Mais monsieur ....

3. – Et vous, mademoiselle, ...
– Mais monsieur ....

4. – ....
– Mais monsieur ....

5. – ....
– Mais monsieur ....

6. – ....
– Mais monsieur ....

3. Le gardien n'est pas content. Il a l'impression qu'on se moque de lui.

Puisque c'est ainsi, dit-il, vous me copierez 10 fois chaque interdiction.
– Je **ne** jetterai **plus** mes mégots dans le sable.

Continuez avec les autres interdictions.

– Je ....
– Je ....
– Je ....
– Je ....
– Je ....

cent neuf – 109

BILAN

1. Mettez une négation pour décrire la personne opposée.

1. Il rit tout le temps. — Elle **ne** rit **jamais**.
2. Elle parle à tout le monde. — Il ....
3. Il s'intéresse à tout. — Elle ....
4. Elle a beaucoup d'amis. — Il ....
5. Il va partout. — Elle ....
6. Elle a peur de tout. — Il ....
7. Il parle trois langues étrangères. — Elle ....
8. Tout va bien pour lui. — .... pour elle.
9. Tout le monde l'aime. — ....

2. Complétez par une phrase négative avec ne ... que, selon le modèle.

En 1980, en France, on travaillait encore 40 heures par semaine.
Maintenant, **on ne travaille plus que** 35 heures par semaine.

1. Maintenant, en France, on peut voter à 18 ans.
   Avant, ... (21 ans)
2. Maintenant, en France, l'école est obligatoire jusqu'à seize ans.
   Avant, ... (12 ans)
3. Avant, il fallait plusieurs jours pour aller de Paris à New York en bateau.
   Maintenant, ... (3 heures avec le Concorde)

3. Marie a oublié son chagrin d'amour. Elle veut changer le dernier texte de son journal. Aidez-la à dire le contraire.

1. Lorsque Martin m'a quittée, — Maintenant,
   je pleurais tout le temps. — Je **ne** pleure **plus jamais**.
2. Je ne pensais qu'à lui. ....
3. Il me manquait terriblement. ....
4. Je me sentais seule et abandonnée. ....
5. J'étais toujours triste. ....
6. Je n'arrivais plus à rire avec mes amis, ...
7. ni à participer à leurs sorties. ....
8. Je n'avais plus envie de rien faire. ....
9. sauf écrire dans mon journal ma déception et ma peine. ....
10. Je l'aimais encore. ....
11. C'est dur de devoir quitter quelqu'un que l'on aime encore ! ....

BILAN BILAN BILAN BILAN BILAN BILA

4. Décrivez une ville opposée.

À Silence-sur-mer

On n'a jamais peur le soir.

Il n'y a personne

nulle part après neuf heures du soir.

Pas un piéton, pas une voiture.

Ni dans les rues, ni sur les places.

Aucun cri, aucun rire, aucun bruit.

On entend le vent

dans les arbres

qui n'ont jamais rien eu à protéger.

On entend la mer

au loin

qui n'a plus vu de baigneur depuis longtemps.

À Bruit-sur-rues.

On a **toujours** peur le soir.

....
....
....
....
....
....
....
....
....
....
....
....

TABLEAUX DE CONJUGAISON

Les verbes auxiliaires

Être

PRÉSENT		IMPÉRATIF		PASSÉ COMPOSÉ		
je	suis			j'	ai	été
tu	es	sois		tu	as	été
il / elle / on	est			il / elle / on	a	été
nous	sommes	soyons		nous	avons	été
vous	êtes	soyez		vous	avez	été
ils / elles	sont			ils / elles	ont	été

FUTUR		IMPARFAIT		
je	serai	j'	étais	
tu	seras	tu	étais	
il / elle / on	sera	il / elle / on	était	
nous	serons	nous	étions	
vous	serez	vous	étiez	
ils / elles	seront	ils / elles	étaient	

Avoir

PRÉSENT		IMPÉRATIF		PASSÉ COMPOSÉ		
j'	ai			j'	ai	eu
tu	as	aie		tu	as	eu
il / elle / on	a			il / elle / on	a	eu
nous	avons	ayons		nous	avons	eu
vous	avez	ayez		vous	avez	eu
ils / elles	ont			ils / elles	ont	eu

FUTUR		IMPARFAIT		
j'	aurai	j'	avais	
tu	auras	tu	avais	
il / elle / on	aura	il / elle / on	avait	
nous	aurons	nous	avions	
vous	aurez	vous	aviez	
ils / elles	auront	ils / elles	avaient	

Verbes réguliers en -er

Parler

PRÉSENT		IMPÉRATIF	PASSÉ COMPOSÉ		
je	parle		j'	ai	parlé
tu	parles	parle	tu	as	parlé
il / elle / on	parle		il / elle / on	a	parlé
nous	parlons	parlons	nous	avons	parlé
vous	parlez	parlez	vous	avez	parlé
ils / elles	parlent		ils / elles	ont	parlé

TABLEAUX DE CONJUGAISON

Parler

FUTUR		IMPARFAIT	
je	parlerai	je	parlais
tu	parleras	tu	parlais
il / elle / on	parlera	il / elle / on	parlait
nous	parlerons	nous	parlions
vous	parlerez	vous	parliez
ils / elles	parleront	ils / elles	parlaient

Se conjuguent comme *parler*: admirer, adorer, aimer, apporter, arrêter, arriver, attirer, bavarder, briller, casser, chanter, classer, comparer, composer, compter, continuer, couper, coûter, crier, danser, décider, déjeuner, demander, dépasser, détester, deviner, donner, doubler, dresser, écouter, entourer, entrer, étudier, exprimer, former, gagner, garder, habiter, identifier, indiquer, inviter, jouer, laisser, louer, manquer, marcher, marquer, montrer, naviguer, oublier, passer, pique-niquer, porter, poser, préciser, préparer, proposer, quitter, raconter, regarder, rencontrer, rentrer, renverser, respirer, rester, retourner, retrouver, sauter, taper, téléphoner, tirer, tomber, tourner, transpirer, travailler, traverser, trouver, utiliser, visiter, voyager…
MAIS AUSSI cliquer, zapper, surfer…

Verbes irréguliers en -er

Manger — Verbes en -ger → g / ge

PRÉSENT		IMPÉRATIF	PASSÉ COMPOSÉ		
je	mange		j'	ai	mangé
tu	manges	mange	tu	as	mangé
il / elle / on	mange		il / elle / on	a	mangé
nous	mangeons	mangeons	nous	avons	mangé
vous	mangez	mangez	vous	avez	mangé
ils / elles	mangent		ils / elles	ont	mangé

FUTUR		IMPARFAIT		Se conjuguent comme *manger*:
je	mangerai	je	mangeais	ranger, changer, longer, partager, diriger,
tu	mangeras	tu	mangeais	déménager, bouger, voyager, mélanger,
il / elle / on	mangera	il / elle / on	mangeait	obliger, nager…
nous	mangerons	nous	mangions	
vous	mangerez	vous	mangiez	
ils / elles	mangeront	ils / elles	mangeaient	

Commencer — Verbes en -cer : c / ç

PRÉSENT		IMPÉRATIF	PASSÉ COMPOSÉ		
je	commence		j'	ai	commencé
tu	commences	commence	tu	as	commencé
il / elle / on	commence		il / elle / on	a	commencé
nous	commençons	commençons	nous	avons	commencé
vous	commencez	commencez	vous	avez	commencé
ils / elles	commencent		ils / elles	ont	commencé

FUTUR		IMPARFAIT		Se conjuguent comme *commencer*:
je	commencerai	je	commençais	recommencer, annoncer, avancer,
tu	commenceras	tu	commençais	effacer, placer (remplacer, déplacer),
il / elle / on	commencera	il / elle / on	commençait	prononcer, lancer…
nous	commencerons	nous	commencions	
vous	commencerez	vous	commenciez	
ils / elles	commenceront	ils / elles	commençaient	

TABLEAUX DE CONJUGAISON

Appeler — Verbes en *-eler* → l / **ll**

PRÉSENT		IMPÉRATIF	PASSÉ COMPOSÉ		
j'	appel**l**e	appel**l**e	j'	ai	appel**é**
tu	appel**l**es		tu	as	appel**é**
il / elle / on	appel**l**e		il / elle / on	a	appel**é**
nous	appel**ons**	appel**ons**	nous	avons	appel**é**
vous	appel**ez**	appel**ez**	vous	avez	appel**é**
ils / elles	appel**l**ent		ils / elles	ont	appel**é**
FUTUR		**IMPARFAIT**			
j'	appel**l**erai	j'	appel**ais**		
tu	appel**l**eras	tu	appel**ais**	**Se conjuguent comme *appeler*:**	
il / elle / on	appel**l**era	il / elle / on	appel**ait**	rappeler, épeler…	
nous	appel**l**erons	nous	appel**ions**		
vous	appel**l**erez	vous	appel**iez**		
ils / elles	appel**l**eront	ils / elles	appel**aient**		

Jeter — Verbes en *-eter* → t / **tt**

PRÉSENT		IMPÉRATIF	PASSÉ COMPOSÉ		
je	jet**t**e	jet**t**e	j'	ai	jet**é**
tu	jet**t**es		tu	as	jet**é**
il / elle / on	jet**t**e		il / elle / on	a	jet**é**
nous	jet**ons**	jet**ons**	nous	avons	jet**é**
vous	jet**ez**	jet**ez**	vous	avez	jet**é**
ils / elles	jet**t**ent		ils / elles	ont	jet**é**
FUTUR		**IMPARFAIT**			
je	jet**t**erai	je	jet**ais**		
tu	jet**t**eras	tu	jet**ais**	**Se conjuguent comme *jeter*:**	
il / elle / on	jet**t**era	il / elle / on	jet**ait**	rejeter, projeter, feuilleter…	
nous	jet**t**erons	nous	jet**ions**		
vous	jet**t**erez	vous	jet**iez**		
ils / elles	jet**t**eront	ils / elles	jet**aient**		

Acheter — Verbes en *-e + consonne + -er* → e / **è**

PRÉSENT		IMPÉRATIF	PASSÉ COMPOSÉ		
j'	ach**è**te	ach**è**te	j'	ai	achet**é**
tu	ach**è**tes		tu	as	achet**é**
il / elle / on	ach**è**te		il / elle / on	a	achet**é**
nous	achet**ons**	achet**ons**	nous	avons	achet**é**
vous	achet**ez**	achet**ez**	vous	avez	achet**é**
ils / elles	ach**è**tent		ils / elles	ont	achet**é**
FUTUR		**IMPARFAIT**			
j'	ach**è**terai	j'	achet**ais**	**Se conjuguent comme *acheter*:**	
tu	ach**è**teras	tu	achet**ais**	enlever, peser, geler (congeler, dégeler),	
il / elle / on	ach**è**tera	il / elle / on	achet**ait**	(se) lever (soulever, enlever),	
nous	ach**è**terons	nous	achet**ions**	(se) promener, mener (amener, ramener)…	
vous	ach**è**terez	vous	achet**iez**		
ils / elles	ach**è**teront	ils / elles	achet**aient**		

TABLEAUX DE CONJUGAISON

Préférer — Verbes en -é + consonne + -er → é / è

PRÉSENT		IMPÉRATIF	PASSÉ COMPOSÉ		
je	préf**è**re		j'	ai	préfér**é**
tu	préf**è**res	préf**è**re	tu	as	préfér**é**
il / elle / on	préf**è**re		il / elle / on	a	préfér**é**
nous	préfér**ons**	préfér**ons**	nous	avons	préfér**é**
vous	préfér**ez**	préfér**ez**	vous	avez	préfér**é**
ils / elles	préf**è**rent		ils / elles	ont	préfér**é**

FUTUR		IMPARFAIT		
je	préfér**erai**	je	préfér**ais**	
tu	préfér**eras**	tu	préfér**ais**	
il / elle / on	préfér**era**	il / elle / on	préfér**ait**	
nous	préfér**erons**	nous	préfér**ions**	
vous	préfér**erez**	vous	préfér**iez**	
ils / elles	préfér**eront**	ils / elles	préfér**aient**	

Se conjuguent comme *préférer* : posséder, exagérer, espérer, répéter, compléter, s'inquiéter, célébrer…

Envoyer — Verbes en -oyer → y / i

PRÉSENT		IMPÉRATIF	PASSÉ COMPOSÉ		
j'	envo**ie**		j'	ai	envoy**é**
tu	envo**ies**	envo**ie**	tu	as	envoy**é**
il / elle / on	envo**ie**		il / elle / on	a	envoy**é**
nous	envoy**ons**	envoy**ons**	nous	avons	envoy**é**
vous	envoy**ez**	envoy**ez**	vous	avez	envoy**é**
ils / elles	envo**ient**		ils / elles	ont	envoy**é**

FUTUR		IMPARFAIT		
j'	env**errai**	j'	envoy**ais**	
tu	env**erras**	tu	envoy**ais**	
il / elle / on	env**erra**	il / elle / on	envoy**ait**	
nous	env**errons**	nous	envoy**ions**	
vous	env**errez**	vous	envoy**iez**	
ils / elles	env**erront**	ils / elles	envoy**aient**	

Se conjuguent comme *envoyer* : employer, nettoyer, (se) noyer…

S'ennuyer — Verbes en -uyer → y / i

PRÉSENT			IMPÉRATIF	PASSÉ COMPOSÉ			
je	m'	ennu**ie**		je	me	suis	ennuy**é(e)**
tu	t'	ennu**ies**	ne t'ennu**ie** pas	tu	t'	es	ennuy**é(e)**
il / elle / on	s'	ennu**ie**		il / elle / on	s'	est	ennuy**é(e)**
nous	nous	ennuy**ons**	ne **nous** ennuy**ons** pas	nous	nous	sommes	ennuy**é(e)s**
vous	vous	ennuy**ez**	ne **vous** ennuy**ez** pas	vous	vous	êtes	ennuy**é(e)(s)**
ils / elles	s'	ennu**ient**		ils / elles	se	sont	ennuy**é(e)s**

FUTUR			IMPARFAIT			
je	m'	ennu**ierai**	je	m'	ennuy**ais**	
tu	t'	ennu**ieras**	tu	t'	ennuy**ais**	
il / elle / on	s'	ennu**iera**	il / elle / on	s'	ennuy**ait**	
nous	nous	ennu**ierons**	nous	nous	ennuy**ions**	
vous	vous	ennu**ierez**	vous	vous	ennuy**iez**	
ils / elles	s'	ennu**ieront**	ils / elles	s'	ennuy**aient**	

Se conjuguent comme *s'ennuyer* : (s')essuyer, (s')appuyer…

TABLEAUX DE CONJUGAISON

Payer Verbes en *-oyer* → y / i

PRÉSENT		IMPÉRATIF	PASSÉ COMPOSÉ		
je	paye / paie		j'	ai	payé
tu	payes / paies	paye / paie	tu	as	payé
il / elle / on	paye / paie		il / elle / on	a	payé
nous	payons	payons	nous	avons	payé
vous	payez	payez	vous	avez	payé
ils / elles	payent / paient		ils / elles	ont	payé

FUTUR		IMPARFAIT			
je	paierai	je	payais		
tu	paieras	tu	payais	**Se conjuguent**	
il / elle / on	paiera	il / elle / on	payait	**comme *payer*:**	
nous	paierons	nous	payions	rayer, balayer…	
vous	paierez	vous	payiez		
ils / elles	paieront	ils / elles	payaient		

Aller Verbe en *-er* complètement irrégulier

PRÉSENT		IMPÉRATIF	PASSÉ COMPOSÉ		
je	vais		je	suis	allé(e)
tu	vas	va	tu	es	allé(e)
il / elle / on	va		il / elle / on	est	allé(e)
nous	allons	allons	nous	sommes	allé(e)s
vous	allez	allez	vous	êtes	allé(e)(s)
ils / elles	vont		ils / elles	sont	allé(e)s

FUTUR		IMPARFAIT	
j'	irai	j'	allais
tu	iras	tu	allais
il / elle / on	ira	il / elle / on	allait
nous	irons	nous	allions
vous	irez	vous	alliez
ils / elles	iront	ils / elles	allaient

Verbes en -ir

Finir Verbes en *-ir* → 1re pers. sing. : *-is* ; 1re pers. plur. : *-issons*

PRÉSENT		IMPÉRATIF	PASSÉ COMPOSÉ		
je	finis		j'	ai	fini
tu	finis	finis	tu	as	fini
il / elle / on	finit		il / elle / on	a	fini
nous	finissons	finissons	nous	avons	fini
vous	finissez	finissez	vous	avez	fini
ils / elles	finissent		ils / elles	ont	fini

FUTUR		IMPARFAIT			
je	finirai	je	finissais		
tu	finiras	tu	finissais	**Se conjuguent**	
il / elle / on	finira	il / elle / on	finissait	**comme *finir*:**	
nous	finirons	nous	finissions	choisir, vieillir, rougir, grandir, grossir,	
vous	finirez	vous	finissiez	maigrir, blanchir, noircir, rougir…	
ils / elles	finiront	ils / elles	finissaient		

TABLEAUX DE CONJUGAISON

Courir

PRÉSENT		IMPÉRATIF		PASSÉ COMPOSÉ		
je	cour**s**			j'	ai	cour**u**
tu	cour**s**	cour**s**		tu	as	cour**u**
il/elle/on	cour**t**			il/elle/on	a	cour**u**
nous	cour**ons**	cour**ons**		nous	avons	cour**u**
vous	cour**ez**	cour**ez**		vous	avez	cour**u**
ils/elles	cour**ent**			ils/elles	ont	cour**u**

FUTUR		IMPARFAIT		
je	cou**rrai**	je	cour**ais**	**Se conjuguent comme *courir*:** accourir, parcourir, secourir…
tu	cou**rras**	tu	cour**ais**	
il/elle/on	cou**rra**	il/elle/on	cour**ait**	
nous	cou**rrons**	nous	cour**ions**	
vous	cou**rrez**	vous	cour**iez**	
ils/elles	cou**rront**	ils/elles	cour**aient**	

- *courir* se conjugue comme *partir*, mais garde le **-r-** partout.

Partir

Verbes en *-ir* → 1re pers. sing. : par + -s ; 1re pers. plur. : part + -ons

PRÉSENT		IMPÉRATIF		PASSÉ COMPOSÉ		
je	par**s**			je	suis	part**i(e)**
tu	par**s**	par**s**		tu	es	part**i(e)**
il/elle/on	par**t**			il/elle/on	est	part**i(e)**
nous	par**tons**	par**tons**		nous	sommes	part**i(e)s**
vous	par**tez**	par**tez**		vous	êtes	part**i(e)(s)**
ils/elles	par**tent**			ils/elles	sont	part**i(e)s**

FUTUR		IMPARFAIT		
je	parti**rai**	je	part**ais**	**Se conjuguent comme *partir*:** dormir, s'endormir, mentir, sentir, sortir, servir…
tu	parti**ras**	tu	part**ais**	
il/elle/on	parti**ra**	il/elle/on	part**ait**	
nous	parti**rons**	nous	part**ions**	
vous	parti**rez**	vous	part**iez**	
ils/elles	parti**ront**	ils/elles	part**aient**	

Ouvrir

Verbes en *-ir* → 1re pers. sing. : -e ; 1re pers. plur. : -ons

PRÉSENT		IMPÉRATIF		PASSÉ COMPOSÉ		
j'	ouvr**e**			j'	ai	ouv**ert**
tu	ouvr**es**	ouvr**e**		tu	as	ouv**ert**
il/elle/on	ouvr**e**			il/elle/on	a	ouv**ert**
nous	ouvr**ons**	ouvr**ons**		nous	avons	ouv**ert**
vous	ouvr**ez**	ouvr**ez**		vous	avez	ouv**ert**
ils/elles	ouvr**ent**			ils/elles	ont	ouv**ert**

FUTUR		IMPARFAIT		
j'	ouvri**rai**	j'	ouvr**ais**	**Se conjuguent comme *ouvrir*:** découvrir, offrir…
tu	ouvri**ras**	tu	ouvr**ais**	
il/elle/on	ouvri**ra**	il/elle/on	ouvr**ait**	
nous	ouvri**rons**	nous	ouvr**ions**	
vous	ouvri**rez**	vous	ouvr**iez**	
ils/elles	ouvri**ront**	ils/elles	ouvr**aient**	

TABLEAUX DE CONJUGAISON

Venir — Verbe en *-ir* complètement irrégulier

PRÉSENT		IMPÉRATIF	PASSÉ COMPOSÉ		
je	viens		je	suis	venu(e)
tu	viens	viens	tu	es	venu(e)
il / elle / on	vient		il / elle / on	est	venu(e)
nous	venons	venons	nous	sommes	venu(e)s
vous	venez	venez	vous	êtes	venu(e)(s)
ils / elles	viennent		ils / elles	sont	venu(e)s

FUTUR		IMPARFAIT		
je	viendrai	je	venais	
tu	viendras	tu	venais	
il / elle / on	viendra	il / elle / on	venait	
nous	viendrons	nous	venions	
vous	viendrez	vous	veniez	
ils / elles	viendront	ils / elles	venaient	

Se conjuguent comme *venir* : devenir, revenir, prévenir, se souvenir, tenir (je tiens…), appartenir, retenir…

Mourir — Verbe en *-ir* complètement irrégulier

PRÉSENT		IMPÉRATIF	PASSÉ COMPOSÉ		
je	meurs		je	suis	mort(e)
tu	meurs	meurs	tu	es	mort(e)
il / elle / on	meurt		il / elle / on	est	mort(e)
nous	mourons	mourons	nous	sommes	mort(e)s
vous	mourez	mourez	vous	êtes	mort(e)(s)
ils / elles	meurent		ils / elles	sont	mort(e)s

FUTUR		IMPARFAIT	
je	mourrai	je	mourais
tu	mourras	tu	mourais
il / elle / on	mourra	il / elle / on	mourait
nous	mourrons	nous	mourions
vous	mourrez	vous	mouriez
ils / elles	mourront	ils / elles	mouraient

Verbes réguliers en -ire

Lire

PRÉSENT		IMPÉRATIF	PASSÉ COMPOSÉ		
je	lis		j'	ai	lu
tu	lis	lis	tu	as	lu
il / elle / on	lit		il / elle / on	a	lu
nous	lisons	lisons	nous	avons	lu
vous	lisez	lisez	vous	avez	lu
ils / elles	lisent		ils / elles	ont	lu

FUTUR		IMPARFAIT		
je	lirai	je	lisais	
tu	liras	tu	lisais	
il / elle / on	lira	il / elle / on	lisait	
nous	lirons	nous	lisions	
vous	lirez	vous	lisiez	
ils / elles	liront	ils / elles	lisaient	

Se conjuguent comme *lire* : relire, élire…

TABLEAUX DE CONJUGAISON

Dire

PRÉSENT		IMPÉRATIF	PASSÉ COMPOSÉ		
je	dis		j'	ai	dit
tu	dis	dis	tu	as	dit
il / elle / on	dit		il / elle / on	a	dit
nous	disons	disons	nous	avons	dit
vous	dites	dites	vous	avez	dit
ils / elles	disent		ils / elles	ont	dit

FUTUR		IMPARFAIT	
je	dirai	je	disais
tu	diras	tu	disais
il / elle / on	dira	il / elle / on	disait
nous	dirons	nous	disions
vous	direz	vous	disiez
ils / elles	diront	ils / elles	disaient

Écrire

PRÉSENT		IMPÉRATIF	PASSÉ COMPOSÉ		
j'	écris		j'	ai	écrit
tu	écris	écris	tu	as	écrit
il / elle / on	écrit		il / elle / on	a	écrit
nous	écrivons	écrivons	nous	avons	écrit
vous	écrivez	écrivez	vous	avez	écrit
ils / elles	écrivent		ils / elles	ont	écrit

FUTUR		IMPARFAIT	
j'	écrirai	j'	écrivais
tu	écriras	tu	écrivais
il / elle / on	écrira	il / elle / on	écrivait
nous	écrirons	nous	écrivions
vous	écrirez	vous	écriviez
ils / elles	écriront	ils / elles	écrivaient

Rire

PRÉSENT		IMPÉRATIF	PASSÉ COMPOSÉ		
je	ris		j'	ai	ri
tu	ris	ris	tu	as	ri
il / elle / on	rit		il / elle / on	a	ri
nous	rions	rions	nous	avons	ri
vous	riez	riez	vous	avez	ri
ils / elles	rient		ils / elles	ont	ri

FUTUR		IMPARFAIT	
je	rirai	je	riais
tu	riras	tu	riais
il / elle / on	rira	il / elle / on	riait
nous	rirons	nous	riions
vous	rirez	vous	riiez
ils / elles	riront	ils / elles	riaient

TABLEAUX DE CONJUGAISON

Verbes en -dre

Entendre

PRÉSENT	IMPÉRATIF	PASSÉ COMPOSÉ
j' entend**s**		j' ai entend**u**
tu entend**s**	entend**s**	tu as entend**u**
il/elle/on entend		il/elle/on a entend**u**
nous entend**ons**	entend**ons**	nous avons entend**u**
vous entend**ez**	entend**ez**	vous avez entend**u**
ils/elles entend**ent**		ils/elles ont entend**u**

FUTUR	IMPARFAIT	
j' entend**rai**	j' entend**ais**	**Se conjuguent comme *entendre*:**
tu entend**ras**	tu entend**ais**	attendre, descendre, vendre, répondre, correspondre, perdre…
il/elle/on entend**ra**	il/elle/on entend**ait**	
nous entend**rons**	nous entend**ions**	
vous entend**rez**	vous entend**iez**	
ils/elles entend**ront**	ils/elles entend**aient**	

Prendre

PRÉSENT	IMPÉRATIF	PASSÉ COMPOSÉ
je pren**ds**		j' ai **pris**
tu pren**ds**	pren**ds**	tu as **pris**
il/elle/on pren**d**		il/elle/on a **pris**
nous pren**ons**	pren**ons**	nous avons **pris**
vous pren**ez**	pren**ez**	vous avez **pris**
ils/elles pre**nn**ent		ils/elles ont **pris**

FUTUR	IMPARFAIT	
je prend**rai**	je pren**ais**	**Se conjuguent comme *prendre*:**
tu prend**ras**	tu pren**ais**	apprendre, comprendre (et les autres composés de prendre).
il/elle/on prend**ra**	il/elle/on pren**ait**	
nous prend**rons**	nous pren**ions**	
vous prend**rez**	vous pren**iez**	
ils/elles prend**ront**	ils/elles pren**aient**	

Autres verbes en -re

Faire

PRÉSENT	IMPÉRATIF	PASSÉ COMPOSÉ
je fai**s**		j' ai **fait**
tu fai**s**	fai**s**	tu as **fait**
il/elle/on fai**t**		il/elle/on a **fait**
nous fai**sons**	fai**sons**	nous avons **fait**
vous **faites**	**faites**	vous avez **fait**
ils/elles **font**		ils/elles ont **fait**

FUTUR	IMPARFAIT
je **ferai**	je fai**sais**
tu **feras**	tu fai**sais**
il/elle/on **fera**	il/elle/on fai**sait**
nous **ferons**	nous fai**sions**
vous **ferez**	vous fai**siez**
ils/elles **feront**	ils/elles fai**saient**

TABLEAUX DE CONJUGAISON

Boire

PRÉSENT		IMPÉRATIF		PASSÉ COMPOSÉ		
je	bois			j'	ai	bu
tu	bois	bois		tu	as	bu
il/elle/on	boit			il/elle/on	a	bu
nous	buvons	buvons		nous	avons	bu
vous	buvez	buvez		vous	avez	bu
ils/elles	boivent			ils/elles	ont	bu

FUTUR		IMPARFAIT	
je	boirai	je	buvais
tu	boiras	tu	buvais
il/elle/on	boira	il/elle/on	buvait
nous	boirons	nous	buvions
vous	boirez	vous	buviez
ils/elles	boiront	ils/elles	buvaient

Autres verbes

Savoir

PRÉSENT		IMPÉRATIF		PASSÉ COMPOSÉ		
je	sais			j'	ai	su
tu	sais	sache		tu	as	su
il/elle/on	sait			il/elle/on	a	su
nous	savons	sachons		nous	avons	su
vous	savez	sachez		vous	avez	su
ils/elles	savent			ils/elles	ont	su

FUTUR		IMPARFAIT	
je	saurai	je	savais
tu	sauras	tu	savais
il/elle/on	saura	il/elle/on	savait
nous	saurons	nous	savions
vous	saurez	vous	saviez
ils/elles	sauront	ils/elles	savaient

Les participes passés les plus courants

VERBES	PASSÉ COMPOSÉ	VERBES	PASSÉ COMPOSÉ	VERBES	PASSÉ COMPOSÉ
avoir	j'ai eu	attendre	j'ai attendu	lire	j'ai lu
être	j'ai été	entendre	j'ai entendu		
		descendre	je suis descendu	vaincre	j'ai vaincu
faire	j'ai fait	répondre	j'ai répondu		
		correspondre	j'ai correspondu	apprendre	j'ai appris
ouvrir	j'ai ouvert	perdre	j'ai perdu	prendre	j'ai pris
offrir	j'ai offert	tenir	j'ai tenu	écrire	j'ai écrit
découvrir	j'ai découvert	venir	je suis venu	dire	j'ai dit
souffrir	j'ai souffert				
		voir	j'ai vu	naître	il est né
		boire	j'ai bu	mourir	il est mort

Du bon usage des pronoms personnels compléments

■ **Avec les verbes de transaction**

c'est-à-dire les verbes qui impliquent deux personnes dans une action : **une personne** qui fait **quelque chose à une autre personne**, on peut utiliser la **double pronominalisation (deux pronoms)**.

Le **pronom** qui reprend la personne **destinataire** de la transaction **(COI)** se place alors devant le **pronom** qui reprend l'**objet** de la transaction **(COD)**.

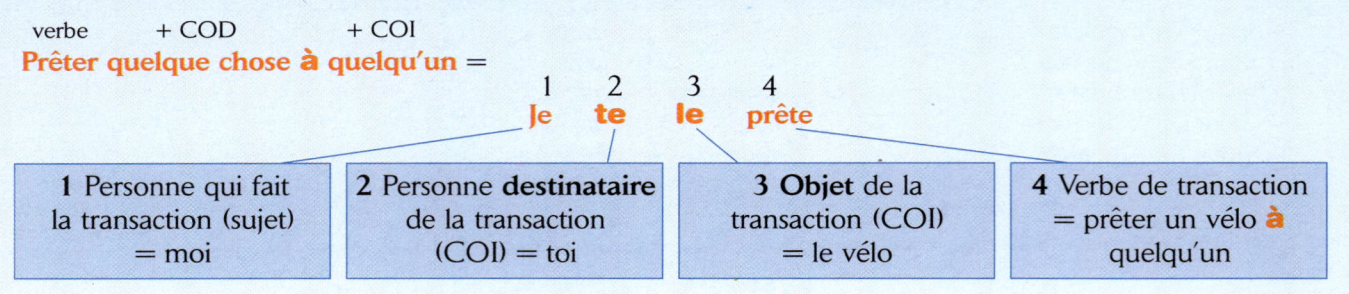

verbe + COD + COI
Prêter quelque chose à quelqu'un =

      1   2   3   4
      Je **te** **le** prête

| 1 Personne qui fait la transaction (sujet) = moi | 2 Personne **destinataire** de la transaction (COI) = toi | 3 **Objet** de la transaction (COI) = le vélo | 4 Verbe de transaction = prêter un vélo **à** quelqu'un |

• **Principaux verbes de transaction construits sur ce modèle :**

– **Donner** quelque chose **à** quelqu'un   → Je **vous l'**ai donné.

offrir, prêter, passer, servir, envoyer, livrer, lancer, jeter, accorder, céder, permettre, rembourser, rendre

– **Prendre** quelque chose **à** quelqu'un   → Il **me l'**a pris.

reprendre, emprunter, retirer, confisquer, enlever, réclamer, voler, interdire

– **Dire** quelque chose **à** quelqu'un   → Ils **le leur** ont dit.

demander, raconter, répondre, répéter, rappeler, souhaiter, annoncer, indiquer, préciser, expliquer, apprendre, enseigner

et

montrer, cacher,
lire, écrire,
reprocher, pardonner, promettre, jurer

• **Certains verbes de transaction n'ont pas de COD**

Le pronom qui reprend la personne **destinataire** de la transaction **(COI)** se place alors **devant** le verbe.

    verbe   COI
Téléphoner à quelqu'un =

      1   2   3
      Je **te** téléphone

| 1 Personne qui fait la transaction (sujet) = moi | 2 Personne **destinataire** de la transaction (COI) = toi | 3 Verbe de transaction = téléphoner **à** quelqu'un |

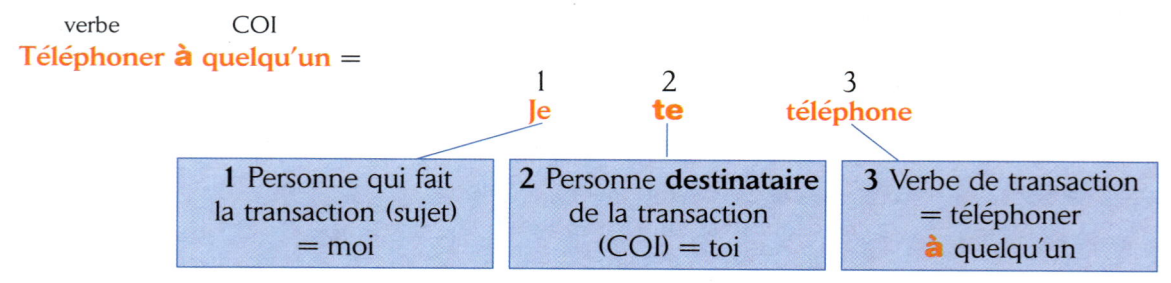

• **Principaux verbes de transaction construits sur ce modèle :**

• Parler **à** quelqu'un	Je **te** parle	• Plaire **à** quelqu'un	Je **lui** plais
• Téléphoner **à** quelqu'un	Tu **me** téléphones	• Obéir **à** quelqu'un	Tu **m'**obéis
• Sourire **à** quelqu'un	Il **me** sourit	• Résister **à** quelqu'un	Je **te** résiste

■ **Avec les verbes à préposition rigide**

c'est-à-dire les verbes qui n'abandonnent pas leur préposition,
on utilise le **pronom tonique**, comme on le fait **après les prépositions**.

Ces verbes n'impliquent pas de transaction. Seule compte la personne qui fait l'action (le sujet).
Ce sont les verbes des amoureux. *Et c'est bien connu... les amoureux sont seuls au monde.*

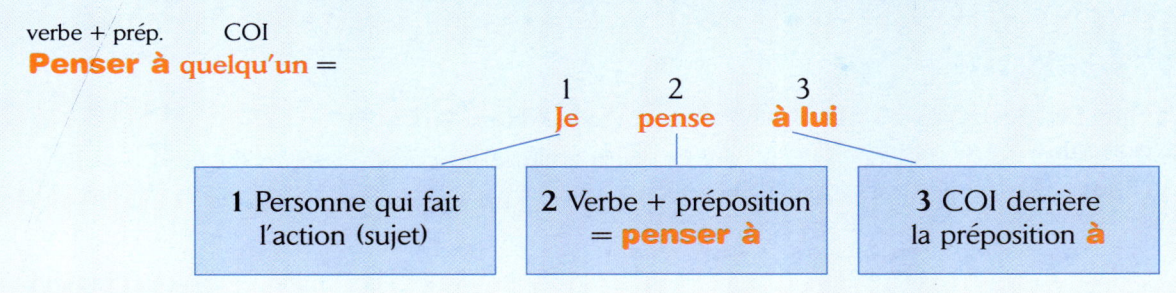

verbe + prép.   COI
Penser à quelqu'un =

            1   2   3
           Je pense **à lui**

| **1** Personne qui fait l'action (sujet) | **2** Verbe + préposition = **penser à** | **3** COI derrière la préposition **à** |

• Verbes suivis de la préposition « à » qui gardent la préposition avec le pronom :

• **Penser à** quelqu'un	Je pense **à** elle	• **Tenir à** quelqu'un	Elle tient **à** lui
• **Songer à** quelqu'un	Elle songe **à** lui	• **Renoncer à** quelqu'un	Je renonce **à** toi
• **S'intéresser à** quelqu'un	Je m'intéresse **à** elle		

> **ATTENTION !**
> • **Penser à** quelque chose — J'**y** pense
> • **Songer à** quelque chose — Elle **y** songe
> • **S'intéresser à** quelque chose — Il s'**y** intéresse
> • **Tenir à** quelque chose — Nous **y** tenons
> • **Renoncer à** quelque chose — Vous **y** renoncez
>
> • **S'habituer à** quelque chose — Ils s'**y** habituent
> • **Réfléchir à** quelque chose — Elles **y** réfléchissent

• Verbes suivis de la préposition « de » qui gardent la préposition avec le pronom :

• **Avoir besoin de** quelqu'un	Il a besoin **de** moi	• **Rêver de** quelqu'un	Je rêve **de** lui
• **S'occuper de** quelqu'un	Tu t'occupes **d'**elle	• **Parler de** quelqu'un	Elle parle **de** toi
• **Discuter de** quelqu'un	Nous discutons **de** vous	• **Rire de** quelqu'un	Ils rient **d'**elles
• **Se moquer de** quelqu'un	Elles se moquent **d'**eux		
• **Se souvenir de** quelqu'un	Ils se souviennent **de** nous		

> **ATTENTION !**
> • **Rêver de** quelque chose — J'**en** rêve
> • **Avoir besoin de** quelque chose — Elle **en** a besoin
> • **S'occuper de** quelque chose — Tu t'**en** occupes
> • **Parler de** quelque chose — Il **en** parle
> • **Discuter de** quelque chose — Nous **en** discutons
> • **Se moquer de** quelque chose — Elles s'**en** moquent
> • **Rire de** quelque chose — Ils **en** rient
> • **Se souvenir de** quelqu'un — Ils s'**en** souviennent
>
> • **S'apercevoir de** quelque chose — Il s'**en** aperçoit
> • **Se rendre compte de** quelque chose — Elle s'**en** rend compte

Genre et nombre des noms et adjectifs qualificatifs

Masculin / féminin

1. Pour former le féminin des noms ou des adjectifs, **on ajoute -e au masculin.**
La majorité des noms et des adjectifs qualificatifs suivent cette règle.

- **Noms**

un ami / **une** ami**e** – un avocat / **une** avocat**e**
le commerçant / **la** commerçant**e** – le client / **la** client**e**
un(**e**) Marocain(**e**) – un(**e**) Argentin(**e**) – un(**e**) Japonais(**e**)

- **Adjectifs qualificatifs**

grand(**e**) – poli(**e**) – joli(**e**) – génial(**e**) – intelligent(**e**)
brun(**e**) – blond(**e**) – noir(**e**) – bleu(**e**)
marocain(**e**) – argentin(**e**) – japonais(**e**)

2. Si le nom ou l'adjectif qualificatif masculin se termine par **-e, il ne change pas au féminin.**

- **Noms**

un(e) journaliste – un(e) artiste – un(e) dentiste
un(e) fleuriste – un(e) architecte – un(e) élève
un(e) Belge – un(e) Russe – un(e) Britannique

- **Adjectifs qualificatifs**

sympathique – timide – propre – calme – facile
belge – suisse – russe – britannique

3. Parfois, on double la consonne finale au féminin.

- **Noms**

un(e) pharmacien(**ne**) – un(e) musicien(**ne**)
un(e) comédien(**ne**) – un(e) électricien(**ne**)
une Italien(**ne**) – une Européen(**ne**) – une Égyptien(**ne**)

- **Adjectifs qualificatifs**

migno**nne** – bo**nne** – italie**nne** – europée**nne** – égyptie**nne**
gro**sse** – gra**sse**
nature**lle** – genti**lle**

4. Parfois, **la syllabe finale** change au féminin.

	ADJECTIFS QUALIFICATIFS	NOMS
-if → -ive	sportif(ve) – actif(ve)	un(e) sportif(ve)
-er → -ère	étranger(ère) – léger(ère) – cher(ère)	un(e) boulanger(ère) – un(e) boucher(ère) – un(e) épicier(ère) – un(e) infirmier(ère)
-eux → -euse	curieux(euse) – sérieux(euse) – amoureux(euse) – heureux(euse) – délicieux(euse)	
-eur → -euse	moqueur(euse) – menteur(euse) – tricheur(euse)	un(e) chanteur(euse) – un(e) coiffeur(euse) – un(e) danseur(euse) – un(e) vendeur(euse)
-teur → -trice		un(e) traducteur(trice) – un(e) directeur(trice) – un(e) acteur(trice) – un(e) agriculteur(trice)
-eau → -elle	beau / belle – nouveau(elle)	
-ou → -olle	fou / folle – mou / molle	un fou / une folle
	faux / fausse – roux / rousse	

5. Les adjectifs de couleur

• Certains adjectifs de couleur suivent les mêmes règles que les autres adjectifs qualificatifs.

– Règle 1 : noir(e) – bleu(e) – vert(e) – gris(e)

– Règle 2 : rouge – jaune – beige → masculin ou féminin

• Certains adjectifs (qui rappellent un fruit, une fleur…) ne varient pas au féminin.

rose – **marron** – **prune** – **lilas** – **orange** → masculin ou féminin

6. Certains adjectifs ont un **féminin très irrégulier**.

Il faut les apprendre par cœur.

vieux → **vieille**   **turc** → **turque**
frais → **fraîche**   **grec** → **grecque**
doux → **douce**   **sec** → **sèche**
jaloux → **jalouse**   **blanc** → **blanche**

MASCULIN	MASCULIN DEVANT VOYELLE OU H	FÉMININ
beau	bel	belle
nouveau	nouvel	nouvelle
vieux	vieil	vieille

7. Attention !

• En France, certains noms de profession **n'ont pas de féminin**.

professeur – ingénieur – auteur – mannequin – médecin

(Au Québec, on accepte une professeure – une ingénieure – une auteure.)

• Parfois, on utilisera même un article (un possessif ou un démonstratif) masculin.

J'ai pris un rendez-vous avec le Dr Anne Bouquet, mon médecin.

– Madame le ministre, madame le juge, qu'en pensez-vous ?

– Et vous, madame le professeur ?

Singulier / pluriel

1. Pour former le pluriel des noms ou de l'adjectif qualificatif, **on ajoute -s**.

La majorité des noms et des adjectifs qualificatifs suivent cette règle.

• **Noms**

les Marocain**s** – les Bretonne**s** – les Espagnol**s**

les Allemande**s** – les Turc**s** – les Argentin**s**

mais aussi : des livre**s** – des photo**s** – des bonbon**s**…

• **Adjectifs qualificatifs**

joli(**s**) – grand(**s**) – gentil(**s**) – intelligent(**s**)

jolie(**s**) – grande(**s**) – gentille(**s**) – intelligente(**s**)

brun(**s**) – blond(**s**) – noir(**s**) – bleu(**s**)

brune(**s**) – blonde(**s**) – noire(**s**) – bleue(**s**)

marocain(**s**) – breton(**s**) – espagnol(**s**)

allemand(**s**) – turc(**s**) – argentin(**s**)

2. Les noms ou les adjectifs masculins qui se terminent par **-s**, **-z** ou **-x ne changent pas** au pluriel.

• **Noms**

un / des Chinoi**s** – un / des Hongroi**s** – un / des Danoi**s**

un / des Japonai**s** – un / des Anglai**s**

• **Adjectifs qualificatifs**

amoureu**x** – heureu**x** – ennuyeu**x** – malheureu**x** → singulier ou pluriel

3. Les adjectifs masculins qui se terminent par **-al** ont un pluriel en **-aux**.

géni**al**(**aux**) – internation**al**(**aux**) – loc**al**(**aux**)

4. Les adjectifs masculins qui se terminent par **-eau** ont un pluriel en **-eaux**.

b**eau** / b**eaux** – nouv**eau**(**eaux**)

5. Adjectifs de couleur

• Certains adjectifs de couleur suivent les mêmes règles que les autres adjectifs qualificatifs.

– Règle 1 : noir(**s**) – bleu(**s**) – vert(**s**) – blanc(**s**)
     noir**e**(**s**) – bleu**e**(**s**) – rouge(**s**) – gris**e**(**s**) – blanch**e**(**s**)

– Règle 2 : gris → singulier ou pluriel

• Certains adjectifs (qui rappellent un fruit, une fleur…) ne varient pas au pluriel.

rose – **marron** – **prune** – **lilas** – **orange** → singulier ou pluriel

Index

A
accord
    adjectifs, *124, 125*
    noms, *124, 125*
    participes passés, *38*
adjectifs interrogatifs, *76*
adjectifs qualificatifs, *124*
avoir, *112*

B-C
celui, ceux, celle(s), *74*
celui-ci, celle-ci, ceux-ci, celles-ci, *72*
conjugaison
    futur proche, *18*
    futur simple, *24*
    imparfait, *10*
    impératif, *56*
    passé composé, *80*
    présent, *8*
    tableaux, *112-121*

D
dans (temps), *22*
depuis (temps), *22*
dont, *70*
double négation, *106*
double pronominalisation, *50, 52*

E
elles, eux, *46*
en (pronom adverbial), *42, 44*
être, *112*

F
féminin, *124, 125*
futur proche, *18*
futur simple, *16, 18, 24*

G-H-I
il y a, *22*
imparfait, *10*
impératif, *52*
indicateurs de temps, *20, 22*
infinitif, *54*

J-K-L
le mien, le tien, le sien…, *78*
le, la, les (pronoms), *32, 34*
lequel, laquelle, lesquel(le)s, *76*
lui, leur, *34, 46*

M
masculin, *124, 125*
me, m', *32, 34*
moi, *46, 66*

N
négation, *102 à 106*
    ne… jamais, *104, 106*
    ne… pas, *102*
    ne… personne, *104, 106*
    ne… plus, *104, 106*
    ne… que, *106*
    ne… rien, *104, 106*
    ni… ni, *106*
    non plus, *106*

noms
   masculin / féminin, *124*
   singulier / pluriel, *125*
nous (pronom complément), *32, 34*

O

où, *68*

P

participe passé
   accord, *38, 50*
   formation, *121*
passé composé, *10*
pendant, *22*
place
   de la négation, *102*
   des pronoms personnels compléments, *50, 52, 54*
   du double pronom, *50, 52*
pluriel (des noms et des adjectifs), *125*
préposition, *46*
présent, *8*
pronoms adverbiaux, *42, 44, 54*
pronoms démonstratifs, *72, 74*
pronoms interrogatifs, *76*
pronoms personnels
   COD, *32, 34, 36, 38, 50*
   COI, *34, 36, 38, 50*
   sujet, *32, 34*
pronoms possessifs, *78*
pronoms relatifs, *64, 66, 68, 70*
   COD, *66*
   complément de lieu, *68*
   complément du nom, *70*
   sujet, *64, 66*
pronoms toniques, *46, 66*

Q

quand, *22*
que (pronom relatif), *64*
quel(s), quelle(s), *76*
qui, *64, 66*

R-S-T

tableaux de conjugaison, *112-121*
temps
   futur proche, *18*
   futur simple, *16, 18, 24*
   imparfait, *10*
   impératif, *52*
   passé composé, *10*
   présent, *8*
te, t', *32, 34*
toi, *46*

U-V

verbes
   à préposition rigide, *123*
   auxiliaires, *112*
   de transaction, *122*
verbes en -dre, *120*
verbes en -er, *112, 113*
verbes en -ir, *116*
verbes en -ire, *118*
verbes en -re, *120*
vous (pronom complément), *32, 34*

W-X-Y

y (pronom adverbial), *42, 54*

Édition : Martine Ollivier
Direction artistique : Catherine Tasseau
Illustrations : Marie-Hélène Carlier
Mise en pages : Télémaque
Couverture : Michel Munier

N° d'éditeur : 10102082-2-15-CSB 90 - CGI - Février 2003
Imprimé en France par I.M.E. - 25110 Baume-les-Dames

Grammaire progressive du français

POUR LES ADOLESCENTS

Cette grammaire d'apprentissage s'adresse à des adolescents ayant déjà des connaissances en français.

◆ **Pédagogique**, elle offre

- sur la page de gauche un cours de grammaire (avec une mise en scène illustrée du point grammatical présenté, des explications simples et précises, de nombreux exemples),
- sur la page de droite des exercices d'application, des activités de communication, des activités ludiques.

◆ **Progressive**, elle suit la progression classique des méthodes de français et la présentation en savoir-faire : se situer dans le temps, raconter sans se répéter, caractériser/qualifier, comparer, exprimer la négation.

Des bilans et des tableaux de conjugaison complètent l'ouvrage.

Un livret contenant les corrigés est placé à l'intérieur.

CLE INTERNATIONAL